ALBUM-CONTEMPORAIN.

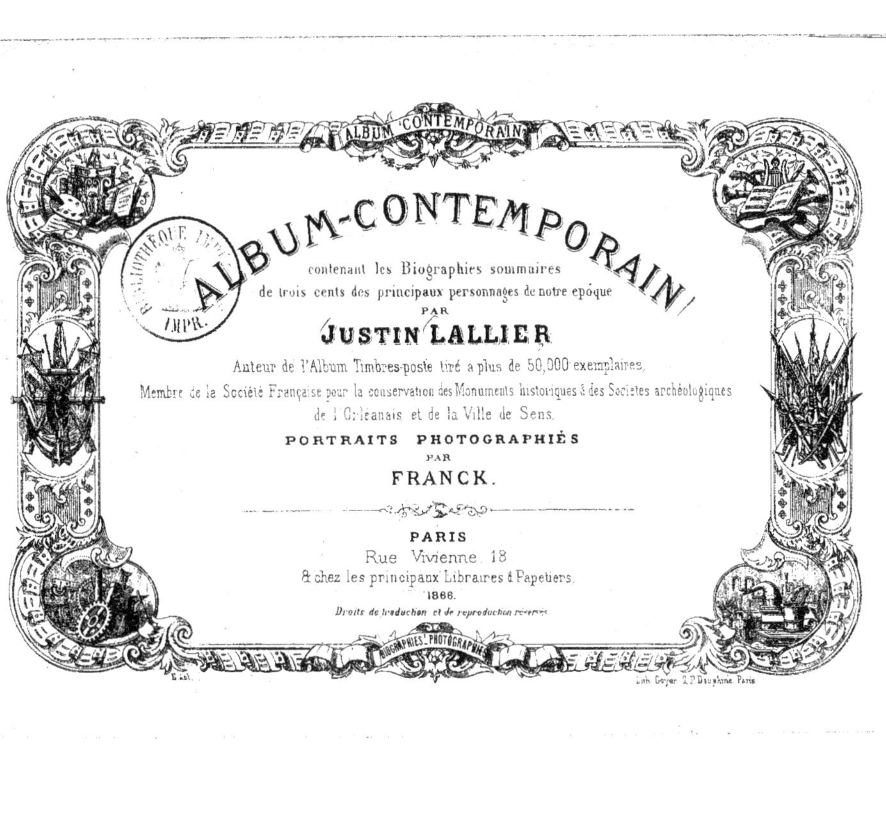

ALBUM CONTEMPORAIN

L'ALBUM-CONTEMPORAIN
contenant les Biographies sommaires
de trois cents des principaux personnages de notre époque
PAR
JUSTIN LALLIER
Auteur de l'Album Timbres-poste tiré a plus de 50,000 exemplaires,
Membre de la Société Française pour la conservation des Monuments historiques & des Sociétés archéologiques
de l'Orléanais et de la Ville de Sens.
PORTRAITS PHOTOGRAPHIÉS
PAR
FRANCK.

PARIS
Rue Vivienne, 18
& chez les principaux Libraires & Papetiers.
1868.
Droits de traduction et de reproduction réservés

BIOGRAPHIES PHOTOGRAPHIÉES

Lith. Goyer, 2. P. Dauphine, Paris

ALBUM CONTEMPORAIN

AVIS.

Nous commençons aujourd'hui une série de Biographies avec portraits photographiés pour répondre au goût si généralement répandu d'Albums illustrés. Nous espérons que le public réservera un accueil favorable à cette nouvelle publication, qui, sous un très petit volume, offre l'avantage de pouvoir réunir trois cents portraits diffé rents avec une courte notice explicative. Le soin que nous avons apporté à l'impression de ce livre et à la reproduction des portraits nous permet de compter sur l'appui du public éclairé auquel nous nous adressons

Paris, Décembre 1865

JUSTIN LALLIER et FRANCK

BIOGRAPHIES PHOTOGRAPHIÉES

Lith. Goyer 7 P Dauphine Paris

SOUVERAINS.

1. FRANCE.— **NAPOLÉON III** (Charles - Louis) Empereur des Français, né le 20 avril 1808, fils de Louis - Napoléon, roi de Hollande, et de Hortense - Eugénie, reine de Hollande.—Marié le 29 Janvier 1853 à Eugénie, Impératrice des Français. — Fit les guerres de Crimée et d'Italie. — Expéditions de Chine et du Mexique.—Achèvement du Palais du Louvre . —Embellissements de Paris.

2. ANGLETERRE.—**VICTORIA** 1ʳᵉ (Alexandrine), née le 24 mai 1819, reine de la Grande Bretagne et d'Irlande ; fille de feu Édouard Auguste, Duc de Kent et de Strathern, frère des rois Georges IV et Guillaume IV; succède à ce dernier le 20 Juin 1837. —Veuve, le 14 Décembre 1861, de François - Albert - Charles - Emmanuel, Duc de Saxe - Cobourg - Gotha.

ALBUM CONTEMPORAIN
BIOGRAPHIES PHOTOGRAPHIES
Lith Seyer, 7 P Dauphine, Paris

SOUVERAINS.

3. AUTRICHE.—FRANÇOIS-JOSEPH Ier (Charles), empereur d'Autriche, roi de Hongrie et de Bohême, né le 18 août 1830.—Monté sur le trône le 2 décembre 1848, en vertu de l'acte d'abdication de son oncle l'empereur Ferdinand Ier, et de l'acte de renonciation de son père, l'archiduc François-Charles-Joseph.—Marié le 24 avril 1854 à Elisabeth-Eugénie-Amélie, née le 24 décembre 1837, fille de Maximilien-Joseph, duc en Bavière.

4. BADE.——FRÉDÉRIC-GUILLAUME-LOUIS, grand-duc de Bade, né le 9 septembre 1826, succède, comme régent, à son père le grand-duc Charles-Léopold-Frédéric, à la place de feu son frère, le grand-duc Louis II.

ALBUM CONTEMPORAIN
BIOGRAPHIES PHOTOGRAPHIES

SOUVERAINS.

5. **BAVIÈRE**. — Louis II (Othon-Frédéric-Guillaume), roi de Bavière, né le 25 août 1845. — Succède à son père, le feu roi Maximilien II (Joseph), mort en 1864.

6. **BELGIQUE**. — Léopold Ier (George - Chrétien - Frédéric), né le 16 décembre 1790 (Duc de Saxe-Cobourg - Gotha). — Elu roi des Belges le 4 Juin 1831; proclamé à Bruxelles le 21 juillet suivant. — Veuf : 1° le 6 Décembre 1817 de Charlotte Augusta, fille de feu Georges IV, roi d'Angleterre; 2° le 11 novembre 1850, de Louise - Marie - Thérèse Isabelle d'Orléans, fille de feu Louis-Philippe 1er, roi des Français.

ALBUM CONTEMPORAIN
BIOGRAPHIES PHOTOGRAPHIE

SOUVERAINS.

7. BRÉSIL. — Don Pedro II d'Alcantara (Jean-Charles-Léopold-Salvator-Bibiano-daPaula-Léocadio-Michel-Gabriel-Raphaël-Gonzaga), né le 2 décembre 1825, empereur du Brésil (sous tutelle) le 7 avril 1831, par l'abdication de feu Don Pedro 1er, son père. — Prend lui-même les rênes du gouvernement le 23 juillet 1840. — Marié par procuration le 30 mai 1843, et en personne, le 4 septembre suivant, à Thérèse-Christine-Marie, née le 14 mars 1822, fille de feu François 1er, roi des Deux-Siciles.

8. DANEMARK. — Christian IX né le 8 Avril 1818, fils du duc Frédéric-Guillaume. — Monte sur le trône en vertu du protocole de Londres, en date du 8 mai 1852. — Marié le 26 Mai 1842 à la princesse Louise de Danemark.

ALBUM CONTEMPORAIN
BIOGRAPHIES PHOTOGRAPHIE
Lith Goyer 7 P Dauphine, Paris

SOUVERAINS.

9. ESPAGNE. — ISABELLE II (Marie-Louise) née le 10 octobre 1830, reine d'Espagne — Succède, sous la régence de sa mère la reine Marie-Christine, à son père le roi Ferdinand VII, le 29 septembre 1833, en vertu de l'ordre de succession, confirmé par décret du 29 mars 1830; proclamée reine le 2 octobre 1833, déclarée majeure prend les rênes du gouvernement le 8 novembre 1843. — Mariée le 10 octobre 1846, à François d'Assises-Marie-Ferdinand, né le 13 mai 1822, infant d'Espagne, déclaré roi le 10 octobre 1846.

10. ÉTATS-ROMAINS. — PIE IX (Mastaï-Ferretti), né à Sinigaglia le 13 mai 1792. — Évêque d'Imola le 17 décembre 1832; cardinal le 13 décembre 1839; élu pape à Rome, le 16 juin 1846, couronné le 21

ALBUM CONTEMPORAIN
PHOTOGRAPHIES PHOTOGRAPHIE
Imp. Goyer & P. Dauphine Paris

SOUVERAINS.

11. GRÈCE. — **GEORGE Ier** (Chrétien-Guillaume-Ferdinand-Adolphe) fils de Christian IX, roi de Danemark, né le 24 décembre 1845 — Roi des Hellènes; accepte le 6 juin 1863 la couronne de la Grèce, qui lui est offerte par l'Assemblée nationale grecque le 27 juin suivant.

12. HANOVRE — **GEORGE V** (Frédéric-Alexandre-Charles-Ernest-Auguste), né le 27 mai 1819. — Roi de Hanovre, prince de la Grande-Bretagne et d'Irlande, duc de Cumberland, duc de Brunswick et Lunebourg — Succéda le 18 novembre 1851, à son père, le feu roi Ernest-Auguste, fils de Georges III, roi de la Grande-Bretagne et d'Irlande. — Marié le 18 février 1843 à Marie Alexandrine, née le 14 avril 1818, fille de Joseph, duc de Saxe-Altenbourg.

ALBUM CONTEMPORAIN
BIOGRAPHIES PHOTOGRAPHIE

SOUVERAINS.

13. ITALIE. — **Victor-Emmanuel** II (Marie-Albert-Eugène-Ferdinand-Thomas), né le 14 mai 1820, roi d'Italie — Succéda, le 13 mars 1849, à son père feu Charles-Albert, roi de Sardaigne, en vertu de l'abdication de celui-ci — Veuf le 20 janvier 1855, de Marie-Adélaïde-Françoise-Reinière-Elisabeth-Clotilde, née le 3 juin 1822, archiduchesse d'Autriche, fille de feu l'archiduc Reinier

14. MEXIQUE. — **Maximilien** Ier (Ferdinand-Joseph), empereur du Mexique, frère de François-Joseph Ier, empereur d'Autriche, né le 6 juillet 1832 — Marié le 27 mai 1857 à Marie-Charlotte-Amélie-Auguste, etc. née le 7 juin 1840, fille de Léopold Ier, roi des Belges

ALBUM CONTEMPORAIN
BIOGRAPHIES PHOTOGRAPHIE
Lith Cozer, 7.P Dauphine, Paris

SOUVERAINS.

15. PAYS-BAS —— Guillaume III (Alexandre-Paul-Frédéric-Louis), né le 19 février 1817, roi des Pays-Bas, prince d'Orange-Nassau, grand-duc de Luxembourg, duc de Limbourg, succède à son père, le roi Guillaume II, le 12 mai 1849. —— Marié le 18 juin 1839, à Sophie-Frédérique-Mathilde, née le 17 juin 1818, fille de Guillaume Ier, roi de Wurtemberg.

16. PERSE —— Nasser-ed-din-Schah, né le 10 du mois de Sefer 1247 de l'hégire, et monté sur le trône le 21 du mois de Zil-Ka'adé 1264 de l'hégire.

ALBUM CONTEMPORAIN
BIOGRAPHIES PHOTOGRAPHIES
Lith Goyer, R. Dauphine, 7. Paris.

SOUVERAINS.

17. PORTUGAL.—Dom Luis Ier (Philippe-Maria-Fernando-Pedro de Alcantara-Antonio-Miguel-Raphaël-Gabriel-Gonzaga-Xavier-Francisco de Assiz-Jona-Augusto-Julius-Volfando), né le 31 octobre 1838, roi de Portugal et des Algarves.—Succède à son frère, le roi Dom Pedro V, le 11 novembre 1861.—Fiancé en mars 1862, marié par procuration le 27 Septembre suivant et en personne, le 26 Octobre, à Marie-Pie, née le 16 Octobre 1847, fille de Victor-Emmanuel II, roi d'Italie.

18. PRUSSE.—Guillaume Ier (Frédéric-Louis), né le 22 Mars 1797, roi de Prusse.—Succède à son frère, le feu roi Frédéric-Guillaume IV, le 2 janvier 1861.—Marié le 12 Juin 1829 à Marie-Louise-Auguste-Catherine, née le 30 septembre 1811, fille de feu Charles-Frédéric, grand-duc de Saxe-Weimar.

ALBUM CONTEMPORAIN

SOUVERAINS.

19. RUSSIE.— **Alexandre II Nicolaevitch**, né le 29 (17) avril 1818, empereur de toutes les Russies.— Succède à son père, l'empereur Nicolas, le 2 mars (18 février) 1855.— Marié le 28 (16) avril 1841 à Marie-Alexandrowna (Maximilienne-Wilhelmine-Auguste-Sophie-Marie), née le 8 août 1824, fille de feu Louis, grand-duc de Hesse.

20. SAXE.— **Jean** (Népomucène-Marie-Joseph) né le 12 Décembre 1801, roi de Saxe.— Succède à son frère, le feu roi *Frédéric-Auguste*.— Marié par procuration le 10 novembre 1822, et en personne le 21, à Amélie-Auguste, née le 13 Novembre 1801, fille du deuxième mariage du feu roi de Bavière Maximilien-Joseph.

ALBUM CONTEMPORAIN
BIOGRAPHIES PHOTOGRAPHIE
Lith. Cover. T P Dauphine Paris

SOUVERAINS.

21. SIAM. —— Somdetch-Phra-Paramendr-Maha-Mongkut, né en 1805 —— Roi depuis près de 12 ans — Avant de monter sur le trône, fut pendant 27 ans talapoin ou simple religieux — Homme très instruit, sachant le latin et l'anglais —— Grand cordon de la Légion d'honneur.

22. SUÈDE et NORWÈGE. — Charles XV (Louis-Eugène), né le 3 mai 1826 — Succède à son père, le roi Oscar Ier le 8 juillet 1859. — Marié le 19 juin 1850 à Wilhelmine-Frédérique-Alexandrine-Anne-Louise, née le 5 août 1828, fille de Guillaume-Frédéric, oncle du roi des Pays-Bas.

ALBUM CONTEMPORAIN
BIOGRAPHIES PHOTOGRAPHIES

SOUVERAINS

23. TURQUIE — ABDUL-AZIZ-KHAN, sultan, né le 15 chaâban (9 février 1838). — Succède à son frère, le sultan Abdul-Medjid-Khan, le 17 kilhidje 1277 (25 juin 1861).

24. WURTEMBERG — CHARLES (Frédéric-Alexandre), né le 6 mars 1823, fils de feu Guillaume Ier (Frédéric-Charles), mort en 1846. — Marié le 13 juillet 1846 à Olga Nicolaïewna, fille de feu Nicolas, empereur de Russie.

ALBUM CONTEMPORAIN
BIOGRAPHIES PHOTOGRAPHIES
Lith Coyer, 7 P Dauphine Paris

PRINCES - PRINCESSES.

FRANCE 25. — **EUGÉNIE**-Marie de Gusman, comtesse de Teba, Impératrice des Français, née le 5 mai 1826, mariée le 29 Janvier 1853 à Napoléon III, Empereur des Français.

26. — **NAPOLÉON**-Eugène-Louis-Jean-Joseph, prince impérial, né le 16 mars 1856.

27. — **MATHILDE**-Lætitia-Wilhelmine, cousine de l'Empereur, née le 27 mai 1820, mariée en 1841 au prince Anatole *Demidoff de San Donato*.

28. — **NAPOLÉON**-Joseph-Charles-Paul, cousin de l'Empereur, né le 9 septembre 1822, marié le 30 janvier 1859, à la princesse :

29. — **CLOTILDE**-Marie-Thérèse-Louise, fille de Victor-Emmanuel II, roi d'Italie, née le 2 Mai 1843.

30. — **NAPOLÉON**-Victor-Jérôme-Frédéric, né le 18 Juillet 1862, fils du prince Napoléon.

31. — **NAPOLÉON**-Louis-Joseph-Jérôme, né le 16 Juillet 1864, fils du prince Napoléon.

PRINCES-PRINCESSES.

FRANCE   **32.—NAPOLÉON Ier** (Bonaparte) né à Ajaccio le 15 Aoùt 1769, mort à Ste Hélène le 5 Mai 1821.—Sous-lieutenant d'Artillerie en 1785.—Capitaine en 1793.— Général de brigade en 1794.—Général de division en 1795.—Marié en 1796 à Joséphine, veuve du Vicomte de Beauharnais.—1er Consul en 1799.—Empereur en 1804.—Roi d'Italie en 1806.—Épouse l'archiduchesse Marie-Louise le 11 mars 1810.—Grand Capitaine et Législateur.

33.— JOSÉPHINE née en 1763 à la Martinique, fille du comte Tascher de la Pagerie, mariée au Vte de Beauharnais, mariée en secondes noces à l'Empereur Napoléon 1er en 1796.—Morte à la Malmaison en 1814.

34.— MARIE-LOUISE née le 12 décembre 1791.—Archiduchesse d'Autriche, Impératrice des Français, reine d'Italie.

35.— HORTENSE (Eugénie de Beauharnais) née à Paris en 1783, fille du Vicomte de Beauharnais et de Joséphine, mariée en 1802 à Louis Bonaparte dont elle se sépara en 1810.— Se réfugia en 1817, sous le nom de Duchesse de St Leu au Château d'Arenemberg.—Morte en 1837.

36.— JÉRÔME (Napoléon-Bonaparte) né à Ajaccio le 15 Décembre 1784.—Lieutenant de frégate en 1801.—marié à la Princesse de Wurtemberg.—Contre-amiral en 1806.—Général en 1807.—Roi de Wesphalie en 1808. Gouverneur général des Invalides en 1848.—Maréchal de France en 1850.—Président du Sénat.—Prince français, Mort le 24 Juin 1860.

37.— MURAT (Napoléon-Lucien-Charles) Prince, Sénateur.—Né à Milan le 16 mai 1803.—Représentant du Peuple en 1848.— Sénateur en 1852.—Prince en 1853

38.— MURAT (Princesse) mis Carolina Georgina Fraser, mariée en 1827, au prince Lucien Murat.

ALBUM CONTEMPORAIN
BIOGRAPHIES PHOTOGRAPHIES

PRINCES-PRINCESSES.

FRANCE. **39.—Murat** (Princesse-Caroline) née en 1830, Mariée en 1856 au baron De Chassiron.

ANGLETERRE, **40.—Albert**-François-Auguste-Charles-Emmanuel, duc De Saxe-Cobourg-Gotha, Prince-époux, né le 26 août 1819, mort le 14 décembre 1861.

41.—Albert-Édouard, prince De Galles, né le 9 novembre 1841, marié en 1863 à la princesse Alexandre De Danemark.

42.—Alexandre-Caroline-Marie-Charlotte-Louise-Julie, princesse De Galles, née le 1ᵉʳ décembre 1844, fille De Chrétien IX, roi De Danemark, mariée le 10 mars 1863 au prince De Galles.

43.—Victoria-Adélaïde-Marie-Louise, princesse royale, Duchesse De Saxe, née le 21 novembre 1840, mariée en 1858, au prince royal De Prusse.

44.—Alice-Mathilde-Marry, Duchesse De Saxe, née le 25 avril 1843, mariée le 1ᵉʳ Juillet 1862 à Frédéric-Guillaume-Louis, prince De Hesse-Darmstadt.

45.—Alfred-Ernest-Albert, Duc De Saxe, né le 6 août 1844, lieutenant dans la Marine royale.

ALBUM CONTEMPORAIN
BIOGRAPHIES PHOTOGRAPHIE
Lith Goyer, 3 P. Dauphine Paris

PRINCES-PRINCESSES.

ANGLETERRE 46. HÉLÈNE-Auguste-Victoria, Duchesse de Saxe, née le 25 mai 1846.

47. — LOUISE - Caroline - Alberte, Duchesse de Saxe, née le 18 mars 1848.

48. — ARTHUR-Guillaume-Patrick-Albert, Duc de Saxe, né le 1ᵉʳ mai 1850.

49. — LÉOPOLD-George-Duncan-Albert, Duc de Saxe, né le 7 avril 1853.

50. — BÉATRICE-Mary-Victoria-Féodore, Duchesse de Saxe, née le 14 avril 1857.

51. — GEORGE-Frédéric-Guillaume-Charles, Duc de Cambridge, né le 26 mars 1819, Comte de Tipperary, baron de Culloden, feld-maréchal et commandant en chef de l'armée anglaise.

52. — AUGUSTE-Caroline, née le 19 juillet 1822, sœur du Duc de Cambridge, mariée au grand-duc de Mecklembourg-Strélitz, le 28 juin 1843.

Lith. Goyer & P. Dauphine, Paris

PRINCES-PRINCESSES.

ANGLETERRE.53. — **MARIE**-Adélaïde-Vilhelmine-Elisabeth (sœur du Duc de Cambridge) née le 27 novembre 1833.

AUTRICHE. 54.— **ELISABETH** Amélie-Eugénie, impératrice d'Autriche, née le 24 décembre 1837. fille de Maximilien-Joseph, duc en Bavière.

55.— **RODOLPHE**-Charles-Joseph, Prince impérial, prince royal de Hongrie et de Bohême, né à Laxenbourg, le 21 août 1858, colonel du régiment d'Infanterie, N° 19.

BADE.   56.— **LOUISE**-Marie-Elisabeth, grande Duchesse de Bade, née le 3 décembre 1838, fille de Guillaume 1er roi de Prusse, mariée le 20 septembre 1856, au grand-duc Frédéric.

57. — **FRÉDÉRIC-GUILLAUME** Louis-Léopold-Auguste, né le 9 Juillet 1857. grand-duc héréditaire

BELGIQUE.58.— **LÉOPOLD**-Louis-Philippe-Marie-Victor, prince royal, Duc de Brabant, Duc de Saxe, né le 9 avril 1835, major-général des grenadiers, marié le 22 août 1853 à la princesse Marie.

59.— **MARIE**-Henriette-Anna, archiduchesse d'Autriche, Duchesse de Brabant, née le 23 août 1836, fille de feu l'archiduc Joseph-Antoine, palatin de Hongrie, mariée au Duc de Brabant en 1853.

ALBUM CONTEMPORAIN

PRINCES – PRINCESSES

BRÉSIL. 60 — Thérèse-Christine-Marie, Impératrice, née le 14 mars 1822, fille de François 1er roi des Deux-Siciles.

BRUNSWICK. 61 — Guillaume-Maximilien-Frédéric-Auguste-Louis (Duc), né le 25 avril 1806.

DANEMARK. 62 — Louise-Vilhelmine-Frédérique-Caroline-Auguste-Julie, reine de Danemark, née le 7 septembre 1817, fille de Guillaume, landgrave de Hesse-Cassel.

63 — Frédéric-Chrétien-Guillaume-Charles, prince royal, né le 3 juin 1843, Lieutenant-colonel à la suite de l'armée danoise.

ESPAGNE. 64 — François-d'Assise-Marie-Ferdinand (roi), né le 13 mai 1822.

65 — Alphonse-François-d'Assise-Fernand-Pie-Jean-Marie-de-la-Conception-Grégoire, prince des Asturies, né le 28 novembre 1857.

66 — Marie-Christine-Ferdinande (reine-mère), née le 27 avril 1806, fille de feu François 1er roi des deux Siciles

ALBUM CONTEMPORAIN
BIOGRAPHIES_PHOTOGRAPHIES

PRINCES-PRINCESSES.

HANÔVRE.   67.— **MARIE**-Alexandrine-Wilhelmine-Catherine-Charlotte-Thérèse-Henriette-Louise-Pauline-Élisabeth-Frédérique-Georginie (reine), née le 14 avril 1818.

68.— **ERNEST - AUGUSTE**-Guillaume-Adolphe-George-Frédéric, prince royal, né le 21 septembre 1845, sous-lieutenant à la suite du régiment de hussards de la garde.

ITALIE.   69.— **HUMBERT**-Renier-Charles-Emmanuel-Jean-Marie-Ferdinand-Eugène, prince royal, prince de Piémont, né le 14 mars 1844.

MEXIQUE.   70.— **CHARLOTTE**-Marie-Amélie-Auguste-Victoria-Clémentine-Léopoldine (impératrice), née le 7 juin 1840, fille de Léopold Ier roi des Belges, mariée le 27 juillet 1857.

PORTUGAL   71.— **MARIE-PIE** - (reine), née le 16 octobre 1847, fille de Victor-Emmanuel II, roi d'Italie, mariée le 6 octobre 1862 au roi Louis Ier

PRUSSE.   72.— **AUGUSTA**-Marie-Louise-Catherine (reine), née le 30 septembre 1811.

73.— **FRÉDÉRIC - GUILLAUME**-Nicolas-Charles (prince royal), né le 18 octobre 1831, marié le 25 janvier 1858 à la princesse Victoire d'Angleterre.

ALBUM CONTEMPORAIN
BIOGRAPHIES PHOTOGRAPHIÉES

PRINCES – PRINCESSES

RUSSIE. **74.— MARIE**- Alexandrowna, ci-devant Maximilienne- Wilhelmine- Auguste- Sophie- Marie née le 8 aout (27 juillet) 1824, fille de feu Louis II, grand-Duc de Hesse.

75.— ALEXANDRE- Alexandrovith, grand-Duc héritier, né le 10 mars (26 février) 1845 — Colonel et aide-de-camp de l'Empereur.

SAXE. **76.— AMÉLIE**- Auguste (reine), née le 13 novembre 1801, fille de feu Maximilien-Joseph, roi de Bavière.

77.— ALBERT- Frédéric- Auguste- Antoine- Ferdinand- Joseph- Charles- Marie- Baptiste- Népomucène- Guillaume- Xavier- George- Fidèle, prince royal, Duc de Saxe, né le 23 avril 1828.

SIAM. **78.—** Reine de Siam, mariée à Sa majesté **SOMDETCH-PHRA-PARAMENDR-MAHA-MONGKUT**.

SUÈDE. **79.— LOUISE**- Wilhelmine- Frédérique- Alexandrine- Anne (reine), Princesse d'Orange, née le 5 août 1828, fille de Guillaume-Frédéric, prince des Pays-Bas.

WURTEMBERG. **80 — PAULINE**- Thérèse- Louise (reine-mère), née le 4 septembre 1800.

ALBUM CONTEMPORAIN
BIOGRAPHIES PHOTOGRAPHIE
Lith Goyer 1 P Dauphine Paris

PRINCES-PRINCESSES.

WURTEMBERG. 81. — **GUILLAUME** Ier roi défunt, né le 2 septembre 1781, mort le 25 juin 1864.

BOURBONS 82. — **HENRI**-Charles-Ferdinand-Marie-Dieudonné d'Artois, duc de Bordeaux (Comte de Chambord)
(branche Aînée)   né le 29 7bre 1820, marié le 16 novembre 1846, à l'archiduchesse Thérèse.

83. — **THÉRÈSE**-Marie-Béatrice-Gaétane (duchesse de Bordeaux), née le 14 juillet 1817, Archiduchesse d'Autriche-Este, fille de feu François IV, duc de Modène.

84. — **ROBERT** Ier Charles-Louis-Marie de Bourbon, né le 9 juillet 1848 (duc de Parme).

85. — **LOUISE**-Marie-Thérèse de Bourbon (duchesse de Parme) née le 21 7bre 1819, morte le 1er Février 1864.

BOURBONS 86. — **LOUIS-PHILIPPE** 1er (ex-roi) né le 6 octobre 1773, mort à Claremont (Angleterre), le 26 août 1850.
(branche cadette)

87. — **MARIE-AMÉLIE** (ex-reine) née le 26 avril 1782, fille de feu Ferdinand 1er roi des Deux-Siciles, mariée le 25 novembre 1809.

ALBUM CONTEMPORAIN
BIOGRAPHIES PHOTOGRAPHIÉES

PRINCES-PRINCESSES.

88.—**ADÉLAÏDE** - Eugénie-Louise-princesse d'Orléans, sœur du roi Louis-Philippe 1ᵉʳ née le 23 août 1777 morte à Paris, le 31 décembre 1847.

89.—**FERDINAND**-Philippe-Louis-Charles-Henri-Joseph-d'Orléans, duc d'Orléans, prince royal, né le 3 7ᵇʳᵉ 1810, mort le 13 Juillet 1842. Marié le 30 mai 1837 à Hélène de Mecklembourg.

90.—**HÉLÈNE** Louise Elisabeth duchesse d'Orléans, née le 24 janvier 1814, morte le 18 mai 1858, fille du feu prince héréditaire Frédéric-Louis de-Mecklembourg Schwérin.

91.—**LOUIS-PHILIPPE** - Albert d'Orléans, comte de Paris, né à Paris, le 24 août 1838, marié le 30 mai 1864 à sa cousine, la princesse Isabelle.

92.—**ISABELLE** - Marie-Françoise-d'Assise-Antonia-Louisa Fernanda, comtesse de Paris, née à Séville le 21 septembre 1848, infante d'Espagne.

93.—**LOUIS** - Charles Philippe-Raphaël d'Orléans, duc de Nemours, né à Paris, le 25 octobre 1814, marié le 27 avril 1840 à la princesse Victoire de Saxe-Cobourg-Gotha.

94.—**VICTOIRE** - Auguste-Antoinette, duchesse de Nemours, née le 14 février 1822, fille de feu Ferdinand, duc de Saxe-Cobourg-Gotha.

ALBUM CONTEMPORAIN
BIOGRAPHIES PHOTOGRAPHIE

PRINCES — PRINCESSES.

95.—**FRANÇOIS**-Ferdinand-Philippe-Louis-Marie d'Orléans, prince de Joinville, né à Neuilly, le 24 août 1818, marié le 1er mai 1843, à la princesse Françoise du Brésil.

96.—**FRANÇOISE**-Caroline-Jeanne-Charlotte-Léopoldine-Romaine-Xavière de Paule-Micheline-Gabrielle Raphaële-Gonzague, née le 2 août 1824, mariée au prince de Joinville.

97.—**HENRI** - Eugène-Philippe-Louis d'Orléans, duc d'Aumale, né à Paris le 16 janvier 1822, marié le 25 novembre 1844 à la princesse Caroline des Deux-Siciles.

98.—**CAROLINE**-Auguste de Bourbon, duchesse d'Aumale, née le 26 avril 1822, fille de feu Léopold des Deux-Siciles, prince de Palerme.

99.—**ANTOINE** - Marie-Philippe-Louis-d'Orléans, duc de Montpensier, né à Neuilly le 31 juillet 1824, infant d'Espagne (le 10 octobre 1859), marié le 10 octobre 1846 à la princesse Louise d'Espagne.

100.—**LOUISE** - Marie-Ferdinande, infante d'Espagne, duchesse de Montpensier, née le 30 janvier 1832, sœur de la reine Isabelle II.

101.—**LOUISE** - Marie-Thérèse-Charlotte-Isabelle, princesse d'Orléans, née le 3 avril 1812, morte le 11 novembre 1850, mariée le 9 août 1832 au roi Léopold.

ALBUM CONTEMPORAIN
BIOGRAPHIES PHOTOGRAPHIE
Lith. Soyer 7 P. Dauphine Paris

PRINCES-PRINCESSES.

102.— CLÉMENTINE-Marie-Caroline-Léopoldine-Clotilde, princesse d'Orléans, née à Paris, le 3 juin 1817, mariée le 20 avril 1843 au prince Louis de Saxe-Cobourg-Gotha.

NAPLES. 103.— FRANÇOIS II d'Assise-Marie-Léopold, ex-roi de Naples, né le 16 janvier 1836, fils du roi Ferdinand II, marié le 3 février 1859 à la duchesse de Bavière Marie.

104.— MARIE-Sophie-Amélie, ex-reine, née le 4 octobre 1841, fille de Maximilien-Joseph, duc en Bavière.

ACADÉMICIENS.

105.— AUGIER (Guillaume-Victor-Emile), Poète dramatique, né à Valence (Drôme) le 17 septembre 1820.— Reçu Membre de l'Académie Française en 1858 — Auteur de la Cigüe, de l'Aventurière, Philiberte, Gabrielle, Le Gendre de M. Poirier, la Jeunesse, les Effrontés, Maître Guérin etc.

106.— BERRYER (Pierre-Antoine) né à Paris le 4 janvier 1790.— Avocat éminent du barreau de Paris — Membre de l'Académie en 1852 — Membre des grandes assemblées publiques sous les gouvernements qui se sont succédé depuis janvier 1830.— Ses discours à la tribune l'ont fait ranger parmi les grands orateurs politiques.

107.— DOUCET (Charles-Camille), né à Paris, le 16 mai 1812 — Auteur dramatique — Directeur au ministère de la Maison de l'Empereur et des Beaux-Arts, officier de la Légion d'honneur.— Reçu à l'Académie en 1865 — A fait jouer au Théâtre Français: les Ennemis de la maison, le Fruit défendu, la Considération, le Baron Lafleur.

108.— DUFAURE (Jules-Armand-Stanislas), né à Saujon (Charente-Inférieure), le 4 décembre 1798.— Avocat distingué, orateur politique — Fut trois fois ministre.— Reçu Membre de l'Académie Française en 1854.

ALBUM CONTEMPORAIN
BIOGRAPHIES PHOTOGRAPHIE

ACADÉMICIENS (Suite)

109.— DUPANLOUP (Félix-Antoine-Philibert), né à St-Félix, (Savoie), le 3 janvier 1802. — Nommé Évêque d'Orléans le 6 avril 1849. Membre de l'Académie en 1854. — Écrivain distingué et orateur sacré. — A fait de nombreux ouvrages notamment sur l'instruction publique.

110.— FEUILLET (Octave), né à St-Lô, (Manche), le 11 août 1821 — Romancier, Poète, Écrivain dramatique. — Reçu Membre de l'Académie le 26 mars 1863 — Dalila, le Roman d'un jeune homme pauvre, la Tentation, le Cheval blanc, la Crise, Montjoie comptent parmi ses productions les plus remarquées.

111.— HUGO (Victor-Marie) né à Besançon, le 26 février 1802 — Poète illustre. — Écrivain dramatique, Romancier, Fondateur et Maître du Romantisme; Notre-Dame de Paris, les feuilles d'automne, les chants du crépuscule, les Voix intérieures, les Rayons et les Ombres, les Contemplations, la Légende des Siècles, les Misérables; — au théâtre, Ruy-Blas, le Roi s'amuse, Lucrèce Borgia, etc etc — Membre de l'Académie depuis le 3 juin 1841.

112.— PONSARD (François), né à Vienne (Isère), en 1814 — Poète dramatique. — L'allure de ses vers énergique et pure rappelle les grands maîtres. — L'Odéon a représenté Lucrèce, Agnès de Méranie, l'Honneur et l'Argent, la Bourse; et le théâtre Français ouvrit ses portes à Charlotte-Corday, Horace et Lydie, et Ulysse, études d'après l'Antique — Reçu Membre de l'Académie en 1855.

113.— THIERS (Louis-Adolphe), né à Marseille le 16 avril 1797. — Homme politique illustre — Grand Écrivain historien national. — Membre de l'Académie. — Ses ouvrages: l'Histoire de la Révolution, du Consulat et de l'Empire lui ont mérité l'admiration du monde entier.

114.— VIENNET (Jean-Pons-Guillaume), né à Béziers (Hérault) en novembre 1777. — Fut reçu en 1830 Membre de l'Académie. — Et écrit des Épitres, des Poèmes épiques, des Tragédies, des Livrets d'opéras. — Fut le collaborateur de beaucoup de recueils littéraires.

115.— VILLEMAIN (Abel-François), né le 11 juin 1790. — Écrivain, Professeur de Littérature, Secrétaire perpétuel de l'Académie française. — Connu par un grand nombre d'écrits sur l'histoire de la littérature, d'Études historiques, de discours et de rapports à l'Institut.

ALBUM CONTEMPORAIN
BIOGRAPHIES_PHOTOGRAPHIE

ADMINISTRATION.

116. — **CARLIER** (Pierre Charles-Joseph) né à Sens (Yonne) en 1799. Conseiller d'Etat, Préfet de Police du 10 Novembre 1849 au mois de Novembre 1851. mort à Sens le 28 mars 1858.

117. — **VAÏSSE** (Claude Marius) né à Marseille le 8 août 1799. — Préfet des Pyrénnées Orientales. — Ministre; puis Conseiller d'Etat. — Élevé à la dignité de Sénateur en 1854 — Fut chargé jusqu'à sa mort, 29 août 1864, de l'administration du département du Rhône.

ARMÉE.

118. — **DE GOYON** (Charles-Marie-Auguste, comte) né le 19 Novembre 1802. — Élève de l'Ecole Militaire de St Cyr — Colonel du 2e dragons en 1846, fut Directeur de l'Ecole de Cavalerie de Saumur. — Général de Brigade 1850, de Division 1853. — A commandé en chef le corps d'occupation à Rome, Aide-de-Camp de l'Empereur.

119 — **DE LAMORICIÈRE** (Christophe Louis Léon Duchault), né à Nantes le 5 Février 1806, sorti en 1826. de l'Ecole Polytechnique. Capitaine en 1830 — Colonel en 1837. après l'assaut de Constantine, Général de Brigade en 1843. — Expédition de la Mouzaïa Le Grade de Lieutenant général (1844) et la haute position de Gouverneur Général de l'Algérie furent la récompense de dix huit années de campagnes a été Ministre et Représentant du Peuple. Commanda en Chef l'armée Pontificale. Mort le 11 septembre 1865.

120 — **MAC-MAHON** (Marie-Edme-Patrice-Maurice de) né le 13 juillet 1808, à Sully (Saône-et-Loire) sorti de St Cyr en 1825 Se distingua au siège de Constantine 1837. — Colonel 1845. — Général de Brigade 1848 Général de division. — Enleva en 1855 (S 7bre) en Crimée, la Tour Malakoff, et le 4 Juin 1859 à Magenta, en Italie, se signala d'une façon éclatante, nommé duc de Magenta, Maréchal et Sénateur, est actuellement Gouverneur Général de l'Algérie.

121. — **MAGNAN** (Pierre Bernard) né à Paris, le 7 Xbre 1791. Engagé volontaire à 18 ans; Campagnes d'Espagne, Capitaine à Waterloo 1815. — Chef de Bataillon 1817. — Lieut. Colonel 1823. — Expédition d'Espagne. — Colonel 1827. — Général de Brigade 1835. — Lieut Général 1843. — Maréchal de France 1851 (Xbre) Sénateur; mort en 1865 (Juin).

122. — **SEYMOUR** (Michael né à Plymouth 1802, à 11 ans fait sur l'Annibal, commandé par le Capitaine Seymour, son père, sa 1re campagne 1813-1814. — Capitaine 1826. — Contre-amiral 1855 prend part à l'Expédition de la Baltique avec Sr Napier en 1856 — Commande la station anglaise en Chine et bombarde Canton.

ALBUM CONTEMPORAIN
BIOGRAPHIES PHOTOGRAPHIES

ARTISTES DRAMATIQUES.

123. — **ARNAL** (Étienne) né à Meulan (Seine-et-Oise) le 1ᵉʳ Février 1794, fit dans le 13ᵉ de ligne la campagne de Saxe en 1813 et celle de France en 1814, se destinait à la Tragédie; mais son genre et ses talents le placèrent dans les Comiques, où il occupa une place distinguée: les Cabinets Particuliers, les Gants Jaunes, Passé Minuit, etc. — A cultivé les lettres.

124. — **BOUFFÉ** (Marie), né à Paris, le 4 8ᵇʳᵉ 1800. — Artiste d'un mérite éminent dans la comédie du genre sentimental. Les Enfants de Troupe, le Gamin de Paris, le Bouffon du Prince, l'Oncle Baptiste, Pauvre Jacques, la Fille de l'Avare, Michel Perrin, furent d'éclatants succès.

125. — **BRESSANT** (Jean-Baptiste-Prosper) le 24 8ᵇʳᵉ 1813 à Châlons-sur-Saône. Étudia le droit qu'il abandonne pour le Théâtre; s'engage au Gymnase en 1835, quitte ce théâtre en 1839, pour la Russie et revient en 1846, avec un talent très apprécié; rentre au Gymnase; créé le Lovelace de Clarisse Harlow, Paul Aubry de Diane de Lys et vingt autres rôles avec un plein succès; nommé Sociétaire de la Comédie Française le 31 Janvier 1854.

126. — **BROHAN** (Joséphine-Félicité-Augustine) née à Paris. Élève de Mr. Samson. Elle remporta à l'âge de 14 ans, le 1ᵉʳ Prix du Conservatoire (Comédie); la vivacité, l'expression, la finesse, le goût sont les qualités de cette spirituelle artiste qui interprète Molière, Beaumarchais, et les auteurs modernes avec un admirable talent; a écrit d'une plume charmante des Proverbes et des Mémoires. — Sociétaire de la Comédie-Française.

127. — **BROHAN** (Émilie-Madeleine) née à Paris; Premier Prix du Conservatoire en 1850. Sociétaire du Théâtre-Français; parmi tous les nombreux succès de cette belle et intelligente comédienne citons: Mᵉˡˡᵉ de la Seiglière, Par droit de Conquête, les Caprices de Marianne, les deux Veuves, etc., etc.

128. — **DELAUNAY** (Louis-Arsène) né à Paris le 20 Mars 1826. Étudia au Conservatoire et débuta à l'Odéon; remarqué pour les qualités sérieuses de son jeu, dans l'emploi des jeunes premiers. Le Théâtre-Français lui ouvrit ses portes, et ses succès le firent recevoir Sociétaire en 1850.

129. — **DUMAINE** (Louis-François), né à Lieusaint (Seine-et-Marne) en 1831. — Débuta vers 1848 sur diverses scènes de la banlieue de Paris et de la Province. — Sûr de son talent, Dumaine vint s'occuper dans les grands théâtres de Drame, les 1ᵉʳˢ Rôles qui lui valurent une réputation très populaire et très méritée. — Directeur du Théâtre de la Gaîté.

ARTISTES DRAMATIQUES (Suite)

130 — DUPUIS (Adolphe) né à Paris en 1825. — Entra au conservatoire et, à sa sortie joua à Berlin le répertoire français. — S'engagea au Gymnase, théâtre dont le genre convient parfaitement à son talent — Le gendre de M. Poirier, le Demi Monde, Diane de Lys, furent pour lui d'éclatants succès. — Actuellement en Russie.

131 — FAVART (Mlle Marie Pingaud d'te) née à Beaune. — Entra au théâtre français à sa sortie du conservatoire — Joua la tragédie avec succès et fit de brillantes créations dans le répertoire moderne : les Effrontés, le fils de Giboyer, le Supplice d'une femme, &ª

132 — FECHTER (Charles-Albert) né à Belleville, le 24 octobre 1824 — Commença en 1847 à se faire connaître à l'Ambigu, puis à l'Odéon, à la Porte St. Martin et au Vaudeville, où il obtint ses plus grands succès dans la Dame aux Camélias, &ª. Joue actuellement en Anglais à Londres sur un théâtre dont il est directeur.

133 — FIGEAC (Dlle) née à Paris. Débuta au Gymnase. Passa 3 années en Russie. Joua au Vaudeville dans le dernier Amour. le 3e. Mari, etc. Reçue Sociétaire de la Comédie Française, où elle se fit applaudir dans la Fiamina, la Considération, Mlle de Belle Isle, les Femmes savantes, etc. Retirée du Théâtre par suite de son mariage, le 30 7bre 1865.

134 — GEFFROY (Edmond), né en 1806. — Débuta en 1829 au théâtre Français — Se fit remarquer dans Tartufe, le Misanthrope, &ª — Peintre estimé — Sociétaire depuis 1836 et membre du Conseil d'Administration de la Comédie Française.

135 — GEOFFROY (Jean-Michel-Marie) né à Paris en 1820 — Entra au Gymase en 1844 où il remporta de nombreux et légitimes succès par la science et le naturel de son jeu.

136 — GEORGES (Marguerite-Georges-WEYMER), née à Amiens en 1786. — Entra au théâtre français en 1802 — Joua avec un égal succès la Tragédie et le Drame moderne.

ALBUM CONTEMPORAIN
BIOGRAPHIES_PHOTOGRAPHIE

ARTISTES DRAMATIQUES.

137.— **Got** (François-Jules-Edmond), né à Liguerolles (Orne) le 1er octobre 1822. — Fit de brillantes études au collège Charlemagne. — Entra au théâtre Français en 1844 et y devint sociétaire en 1850. — M. Got excelle dans les rôles comiques de l'ancien et du nouveau répertoire. — Depuis peu il s'est retiré du théâtre, au grand regret du public qui perd ainsi une des gloires de la Comédie-Française. (Cette retraite n'est peut-être pas définitive).

138.— **Guyon** (Émilie-Honorine, dame) commença par jouer à l'Ambigu et à la Porte St Martin. — Entra au théâtre Français en 1858, et devint sociétaire la même année. — Actrice tragique estimée.

139.— **Leroux** (Paul-Louis). Sorti du Conservatoire où il remporta un prix de comédie, il entra en 1841 au théâtre Français dont il devint sociétaire en 1846. — Dans les pièces de l'ancien répertoire et dans les comédies modernes, il a su se créer de légitimes succès.

140.— **Maillart** né à Metz le 10 décembre 1812 — Débuta dans la banlieue. — Joua aux Français de 1838 à 1841 — Parut aux Variétés et rentra, en 1846, au théâtre Français, dont il devint sociétaire. — Sa principale création est Mlle de Belle-Isle.

141.— **Monrose** (Louis) né à Paris en 1809 — Débuta à l'Odéon en 1841, — Au théâtre Français en 1846 — Fut directeur du théâtre de Nîmes; rentra aux Français en 1850, devint sociétaire en 1852. — Auteur de plusieurs pièces en prose et en vers.

142.— **Pierson** (Blanche), Débuta au Vaudeville où elle se fit surtout remarquer dans : un homme de rien et la Jeunesse de Mirabeau. — Aujourd'hui au Gymnase, où elle eut de brillantes créations : les Vieux garçons, &ᵃ.

143.— **Ponsin** (Dᵉˡˡᵉ) Sociétaire du théâtre Français. — S'est fait justement applaudir dans le Supplice d'une femme, la Pomme, &ᵃ.

ALBUM CONTEMPORAIN
BIOGRAPHIES PHOTOGRAPHIE
Lith Goyer. 7 P. Dauphine. Paris

ARTISTES DRAMATIQUES (Suite)

144. — **PROVOST** (Jean-Baptiste-François) né le 29 Janvier 1798. — Élève du Conservatoire. — Professeur de déclamation. — Joua à l'Odéon (1819-1828), à la Porte St. Martin pendant 7 ans et fut reçu aux Français en 1835; il en devint Sociétaire en 1839. — le rôle de l'Avare de Molière, est un de ses triomphes.

145. — **RÉGNIER** (François-Joseph) né à Paris le 1er. Avril 1807. — Entra au Théâtre-Français en 1831 et débuta dans le Mariage de Figaro. Sociétaire en 1834. — Tient les premiers rôles des répertoires ancien et contemporain. Professeur au Conservatoire depuis 1854 a écrit avec Mr. Foucher la Joconde, comédie en 5 actes. Auteur de l'histoire du Théâtre dans Patrie, etc.

146. — **RISTORI** (Adélaïde) Ctesse del Grillo Actrice Tragique Italienne d'un grand mérite. — Attachée à la troupe sarde. — Joua successivement à Parme, à Livourne, à Turin et ensuite à Paris, enfin à St. Petersbourg et en Hollande.

147. — **SAMSON** (Joseph-Isidore) né le 2 Juillet 1793. — Admis au Conservatoire en 1812. — Sociétaire du Théâtre-Français en 1827, où il a occupé la première place dans la Comédie-jusqu'à sa retraite (1864). — Auteur de plusieurs pièces. — Professeur au Conservatoire depuis 1836. — Décoré en 1864.

148. — **TISSERANT** (Hippolyte) né à Mendon en 1802. — Débuta en province. — Entra au Gymnase en 1837, où il resta jusqu'en 1844 et eut de grands succès, depuis il joua à l'Odéon et y tint la première place.

149. — **VICTORIA-LAFONTAINE** (Dame) a débuté très jeune à Pau, puis au Gymnase où elle a reçu de légitimes bravos. Aujourd'hui Sociétaire du Théâtre-Français.

ARTISTES LYRIQUES.

150. — **GALLI-MARIÉ** (Mde.) Cantatrice de l'Opéra Comique où elle eut de grands succès, surtout dans Lara et Marie, les Amours du Diable, le Capitaine Henriot. — Les Porcherons, etc.

ALBUM CONTEMPORAIN
BIOGRAPHIES PHOTOGRAPHIE
Lith Coyer T.P.Dauphine Paris

ARTISTES LYRIQUES.

151.— **LABLACHE** (Louis), né à Naples le 6 décembre 1794 — Entra à douze ans au Conservatoire de Naples — Parcourut les théâtres de l'Italie. — Se fixa à Paris en 1830 où sa voix de basse, l'une des plus belles qu'on ait entendues, a été admirée dans la Gazza Ladra, l'Elisir d'Amore, I Puritani etc — Mort il y a cinq ans.

152.— **MIOLAN-CARVALHO** (Marie-Caroline dame) née à Marseille (Bouches-du-Rhône) — Commença par briller dans les concerts, débuta en 1849 à l'Opéra-Comique et devint première chanteuse du théâtre Lyrique — Sa voix suave et mélodieuse, sa méthode exquise et pure, lui ont conquis de nombreux et légitimes succès dans : Giralda, la Fanchonnette, la reine Topaze, Faust, Mireille, la Flûte enchantée, etc.

153.— **MONTAUBRY** Ténor de l'Opéra-Comique où il s'est justement fait applaudir dans Lalla-Rukh, Lara, Fra-Diavolo, le Postillon de Longjumeau, etc.

154.— **PONCHARD** (Jean-Frédéric-Auguste) né à Paris le 8 juillet 1789. — Élève du Conservatoire. — De 1812 à 1834 à l'Opéra-Comique où il fut applaudi — Professeur au Conservatoire jusqu'en 1856.

155.— **ROGER** (Gustave-Hippolyte) né à Paris le 27 août 1815 — Au Conservatoire en 1837 — Débuta à l'Opéra-Comique où il s'acquit une grande réputation dans Haydée, la Part du Diable, la Sirène — Passa ensuite à l'Opéra en 1849.

156.— **SAINTE-FOY** (Charles-Louis Pubereaux dit), né à Vitry-le-Français en 1817 — Débuta à l'Opéra-Comique en 1840 où il a eu et a encore un grand succès dans les rôles comiques.

157.— **SAXE** (Marie), A débuté dans les concerts — Entra au Théâtre Lyrique où elle se fit remarquer dans Orphée, Les Noces de Figaro, etc. — Aujourd'hui à l'Opéra où son talent a augmenté sa réputation.

ALBUM CONTEMPORAIN
BIOGRAPHIES PHOTOGRAPHIE
Lith Coyer J P Dauphine, Paris

ARTISTES LYRIQUES (Suite).

158. — **UGALDE** (Delphine Beaucé, dame) née à Paris, commença ses Débuts à la Salle Chantereine. — En 1848 entra à l'Opéra-Comique, où elle fut applaudie dans le Domino Noir, les Monténégrins, Galathée, le Caïd, la Fée aux Roses, etc.

ARTISTES PEINTRES.

159. — **ANASTASI**, (Auguste) né à Paris . Peintre Paysagiste et Lithographe. — Elève de Paul Delaroche et Corot. — 2e Médaille de Paysage (1848). — 3e Médaille de Lithographie (1852). — Médaille (1864). — A publié un grand nombre de paysages composés dans l'Illustration dont il est le collaborateur habituel depuis 10 ans.

160. — **ANTIGNA**, (Jean-Pierre-Alexandre), né à Orléans en 1818 _____ Elève de Paul Delaroche — Peintre de genre et de portraits — 3e Médaille (1847. — 2e Médaille (1848 ; — 1re Médaille (1851) Décoré en 1861 — Le Luxembourg possède de lui l'Incendie; on cite parmi ses toiles les plus remarquées: Les enfants dans les blés. — La halte forcée. — Le denier de l'ouvrière. — la ronde d'Enfants. — le miroir des bois. — Le dimanche des Rameaux, etc.

161. — **BARRIAS** (Félix-Joseph), né à Paris le 13 septembre 1822. — Elève de Léon Cogniet. — Grand prix de Rome d'histoire 1844. — Médaille de 3e classe 1847. — Médaille de 2e cl. 1855. — Médaille de 1re classe 1851. — Décoré en 1859. On cite surtout de lui: les Exilés de Tibère la Chapelle de la Maison Eugène-Napoléon. — la Chapelle du Musée d'Amiens etc. etc.

162. — **BEAUJEU** (Paul-François-Marie de) née à Pierrefitte (Haute-Marne) Elève de Mr Faustin Besson; on cite entr'autres: (1863) le coin d'une table de travail, toile remarquée. (1864) Erigone. Fruits. — Les trois grâces. — Le Colombier

163. — **BLIN** (Francis, né à Rennes le 10 septembre 1827. — Elève de Mr Picot. — Parmi ses toiles les plus remarquées, on cite après l'orage matinée dans la Lande 1859; Solitude (1861) une plage (1863. Souvenir du cap Frébel (1864) un Toit en Sologne. Médaille en 1865

164. — **FEYEN-PERRIN**, né à Bey-sur-Seille (Meurthe) Elève de MM. Yvon et Léon Cogniet: Parmi ses toiles, on cite le rideau des Italiens Barque à Caron. — la muse de Béranger. — Velpeau faisant la leçon d'anatomie — Charles le Téméraire l'Elégie. Médaille en 1864

ALBUM CONTEMPORAIN
BIOGRAPHIES PHOTOGRAPHIÉES
Lith Goyer 7. R. Dauphine Paris

ARTISTES PEINTRES.

166. — **GIRARDET** (Karl) né en Suisse en 1813, élève de M. Léon Coquiet — Chevalier de l'Ordre d'Isabelle la Catholique, Membre de l'Académie royale d'Amsterdam, Grande médaille d'or du roi de Russe. — Médaille de 3ᵉ cl. en 1838. — Méd. de 2ᵉ cl. en 1842. — Méd. de 1ʳᵉ cl. en 1855. — Parmi ses toiles remarquées, on cite : Assemblée de protestants surpris par des troupes catholiques. — Vues prises au Caire, sur le Nil, &. — A illustré la Touraine, le Roland furieux, l'Histoire du Consulat et de l'Empire et beaucoup d'autres ouvrages.

166. — **HESSE** (« Nicolas-Auguste) né en 1795. — Élève de Gros — Grand prix de Rome en 1818. — Ses toiles les plus remarquées sont : Les États généraux en 1789, Clytie mourante — A exécuté des peintures de vitraux pour différentes églises, et celles du grand salon de l'Hôtel de Ville — Méd. de 1ʳᵉ classe en 1838 — Chevalier de la Légion d'honneur en 1848 — Membre de l'Institut en 1863

167. — **HÜET** (Paul) né le 3 octobre 1804. — Élève de Gros et Guérin — Artiste d'une grande fécondité et d'une réputation justement méritée. — Méd. de 2ᵐᵉ classe en 1833 — De 1ʳᵉ classe en 1848-1855. — Décoré en 1841.

168. — **ISABEY** (Jean-Baptiste). né le 11 avril 1767, mort le 18 avril 1844 — Élève de David — Revue du premier Consul, Table des Maréchaux, etc. — Commandeur en 1853

169. — **MÜLLER** (Charles-Louis), né à Paris le 22 décembre 1815. — Élève de Léon Coquiet et du Baron Gros — On cite parmi ses nombreuses productions le martyre de St Barthélemy — l'Appel des Condamnés (musée du Luxembourg). — Marie-Antoinette à la conciergerie, &ᵉ. &ᵉ. Méd. de 3ᵉ cl. (1838) de 2ᵉ cl. (1846) de 1ʳᵉ cl. (1848-1855) — Chevalier (1849) — Officier de la Légion d'honneur (1857) Membre de l'Institut (1863)

170. — **NANTEUIL** (Célestin) né à Rome en 1813. — Élève de Langlois. — Sainte Famille, la Source, un Rayon de soleil, les Buveurs, etc — 3ᵉ méd. 1837 — 2ᵉ méd. 1848

171. — **NAZON** (François-Henri), né à Réalmont (Tarn). — Élève de M. Gleyre — Paysagiste dont la réputation récente est incontestée. — Médaille en 1864 avec ses toiles : les Bords du Tarn et Novembre.

ALBUM CONTEMPORAIN
BIOGRAPHIES PHOTOGRAPHIE
Lith Coyer 7 P Dauphine. Paris

ARTISTES PEINTRES (Suite)

172. — **OUVRIÉ** (Pierre-Justin) né à Paris le 19 Janvier 1806. Élève de MM. Abel Pujol, Bon Taylor et de Mr Châtillon, Architecte — Peintre et Lithographe. Parmi ses nombreuses œuvres on doit citer Le grand Canal de Venise, l'Hospice du St Bernard. St Pierre de Gênes, le Château de Windsor. Sites du Rhin. Vues de Salsbourg, d'Édimbourg, du Château de Pierrefonds, etc. 2e méd. en 1831. 1re méd. en 1836. 3e méd. en 1855. Décoré en 1854.

173. — **VERNET** (Émile-Jean-Horace), né au Louvre le 30 Juin 1793. Célèbre peintre de batailles, digne descendant des Vernet déjà si illustres. — Débuta en 1809. — Ses principales toiles sont : La Prise d'une redoute et le Chien du régiment. Le Frère Philippe, la Prise de la Smalah, la Bataille d'Isly, Judith et Holopharne. — Horace Vernet a illustré une des salles du palais de Versailles. Décoré en 1814. — Médaille de Ste Hélène. — Officier en 1825 — Membre de l'Institut en 1826 — Commandeur en 1842. Membre de toutes les académies des beaux-arts d'Europe. — Mort le 17 janvier 1863.

174. — **WATELET** (Louis-Etienne) né à Paris en 1780 — Paysagiste. — Vues du Tyrol. Sites des Vosges. — Cascatelles de Tivoli, Henri IV et Michaud (Fontainebleau — 2e méd. en 1810. — 1re méd. en 1819 — Décoré en 1825.

ARTISTES SCULPTEURS GRAVEURS.

175. — **BARRE** (Désiré-Albert) né le 6 mai 1818 — Élève de Delaroche — Aujourd'hui graveur général de la Monnaie de Paris depuis la mort de son père (1855)

176. — **BRIAN** (Louis), né à Avignon le 15 novembre 1805 — Élève de David — Son dernier envoi de Rome est un Faune qui appartient au musée d'Avignon. — Mercure, statue de plâtre inachevée, qui a figuré au Salon de 1864. Grand Prix de Rome en 1832. — Méd. de 1re classe en 1840 — Méd. d'honneur en 1864. — Mort en 1864.

177. — **LE HARIVEL DU ROCHER** (Victor), né à Charm (Orne) le 20 novembre 1816. - Statuaire. - Débuta au Salon en 1843. On a de lui : la Rédemption de la Vierge, la Cène, Rêverie, Ste Marie-Madeleine. tombeau de Visconti. la Comédie, le Colin-Maillard, etc., etc. — 3e méd. 1849. — 2e méd. 1857-1861.

178. — **MILLET** (Jean-François) née en 1815. — Élève de Paul Delaroche. — On cite parmi ses toiles les plus connues : La Laitière, les Juifs à Babylone. — Semeurs. — Berger. Moissonneurs, etc. — 2e méd. en 1853.

ALBUM CONTEMPORAIN
BIOGRAPHIES PHOTOGRAPHIE

ARTISTES-SCULPTEURS-GRAVEURS (Suite)

179. — **Nieuwerkerke** (Alfred-Émilien, comte de), né à Paris en 1815. Statuaire. — On possède de lui : Guillaume-le-Taciturne, Descartes, Napoléon 1ᵉʳ et statue équestre de Napoléon III. — 3ᵉ méd. 1855. — Décoré, 1848. — Officier 1851. — Commandeur, 1855. Grand officier en 1863. — Surintendant des Beaux-Arts, — Sénateur.

180. — **Truphème** (François), né à Aix (Provence) en 1820. — La Rêverie (marbre, médaillé) Jeune Fille à la source (1864) Angélique attachée au rocher (mention honorable en 1855, Musée de Grenoble), le berger Lycidas (marbre pour la cour du Louvre). sainte Geneviève à Sainte-Clotilde, saint Thadée, église de la Trinité. — Méd. de 3ᵉ cl. 1859. — Méd. en 1864.

181. — **Valette** (Jean), né à Ainay le Vieil (Cher) le 30 Mai 1825. — Le Semeur d'ivraie (bronze), Cérès encourageant l'agriculture (fronton), la Ménade (groupe), Desdémone, Pandore, Sᵗ Victurnien, Sᵗ Martial, le cardinal Dupont, Sᵗᵉ Aldégonde, cardinal d'Amboise et Mᵐᵉ de Mortemart, abbesse de Fontevrault, au château de Meillant (Cher), etc. — 3ᵉ méd. 1861. — Méd. en 1864.

AUTEURS DRAMATIQUES.

182. — **Banville** (Théodore de) né à Moulins, le 14 mars 1823, poésies lyriques (les Odelettes, les Exilés &ᵃ) Pièces de Théâtre en vers : (Le beau Léandre, les Nations, le Cousin du roi, Diane au bois) la Pomme. — Gringoire. &ᵃ; Nouvelles, Voyages, Esquisses Parisiennes, La Mer de Nice &ᵃ a collaboré à plusieurs journaux, le Dix décembre, L'Artiste, le Charivari, la Revue de Paris, &. Décoré de la légion d'honneur en 1858. — Chevalier de la couronne de Chêne de Hollande et des Sᵗˢ Maurice et Lazare d'Italie.

183. — **Clairville** (Louis François Nicolaïe, dit), né à Lyon en 1811. Il fit des pièces pour le Théâtre de son père. — A fait jouer sur tous les théâtres de Paris, plus de 400 pièces, parmi lesquelles : Clarisse Harlow, les Pommes de terre malades, le Bourgeois de Paris, les 7 Châteaux du diable, la Propriété c'est le vol, les Folies dramatiques, les Petites misères de la vie humaine, la Corde sensible, Roger-Bontems, la Semaine à Londres, etc. décoré en 1857.

184. — **Dumanoir** (Philippe-François Pinel), né à la Guadeloupe le 31 Juillet 1806. Comédies, Vaudevilles et Drames : les 1ʳᵉˢ Armes de Richelieu, Don César de Bazan. — Gentil-Bernard, la Case de l'oncle Tom — les Vieux péchés. — La Savonnette Impériale. — Le Gentilhomme Pauvre - le Code des Femmes. - le Camp des Bourgeoises - les Femmes terribles, Officier de la Légion d'honneur, mort en Xᵇʳᵉ 1865.

185. — **Labiche** (Eugène-Marin) né à Paris en 1815. Donna une grande quantité de pièces fort amusantes et spirituelles, notamment au Théâtre du Palais-Royal : 2 papas très bien — Un Chapeau de paille d'Italie — Edgard et sa bonne. — La Perle de la Cannebière — L'Affaire de la rue de Lourcine. &ᵃ;

ALBUM CONTEMPORAIN
BIOGRAPHIES PHOTOGRAPHIES

ARTISTES DRAMATIQUES (Suite)

186. — **LAFONT** (Charles) né à Liège le 16 décembre 1809 — Écrivit dans les journaux. — On cite de lui : La Famille Morenval, la Folle de la Cité — le Chef d'œuvre inconnu, Un cas de conscience, etc. — Bibliothécaire à Ste Geneviève. Décoré en 1847. — Mort en janvier 1864.

187. — **SARDOU** Jeune auteur estimé ; on cite parmi ses pièces : Les pattes de mouche. — Nos Intimes. — Les ganaches? — Le Dégel — Le Capitaine Henriot — Les Pommes du Voisin. — M. Garat. — Les Vieux garçons, la Famille Benoiton &

188. — **SIRAUDIN** (Paul) né en 1815. A travaillé dès 1835, comme auteur dramatique, pour les théâtres de vaudevilles de Paris et a eu la plupart de ses pièces fort applaudies : Le Misanthrope et l'Auvergnat, le Bourreau des Crânes, Sous un Parapluie, le Gendre de Mr. Poirier, &ᵃ

AVOCATS.

189. — **CRÉMIEUX** (Isaac-Adolphe), né à Nimes le 30 avril 1796. — Célèbre avocat. — Membre du gouvernement provisoire en 1848. — Ministre de la justice. — Jouit d'une grande estime comme homme et comme avocat.

190. — **MARIE** (Alexandre Thomas), né à Auxerre (Yonne) le 16 avril 1797. — Ancien bâtonnier de l'Ordre des Avocats. Ancien Ministre des Travaux publics, ancien Président de l'Assemblée Nationale. Plaida grand nombre de procès criminels où il obtint de très grands succès. — Membre du gouvernement provisoire en 1848. — Ancien député de Paris, a collaboré à plusieurs revues, recueils ou journaux. Actuellement Député des Bouches-du-Rhône.

191. — **SÉNARD** (Antoine-Marie-Jules), né à Rouen le 9 Avril 1800. — Avocat renommé, fut Député. — Représentant du peuple. — Ministre de l'Intérieur. — Président de la Constituante.

CLERGÉ.

192. — **ANTONELLI** (Giacomo) Cardinal, né à Terracine en 1806. Ministre et Conseiller intime du Pape Pie IX.

ALBUM CONTEMPORAIN
BIOGRAPHIES PHOTOGRAPHIE

CLERGÉ (Suite).

193. — **BONNECHOSE** (de) Cardinal 1864), né à Paris le 30 mars 1800. — Nommé archevêque de Rouen le 20 février 1858. Officier de la Légion-d'honneur.

194. — **DONNET** Cardinal (1852), né à Bourg-Argental (Loire) le 16 novembre 1795. — Nommé archevêque de Bordeaux le 30 novembre 1836 — Commandeur de la Légion-d'Honneur.

195. — **GOUSSET** Cardinal (1850), né à Montigny (Haute-Saône) le 1er mai 1792 — Nommé archevêque de Reims le 26 mai 1840. Commandeur de la Légion d'Honneur.

196. — **MORLOT** Cardinal (1853) né à Langres le 28 décembre 1795. — Nommé archevêque de Paris le 24 janvier 1857. Grand-aumônier de l'Empereur. — Primicier du chapitre impérial de St. Denis — Membre du Conseil privé. Grand officier de la Légion d'honneur. — Mort à Paris en 1862

197. — **WISEMAN** (Nicolas) né en 1802 Cardinal archevêque de Westminster. — Auteur de diverses publications religieuses et mandements. — Mort en 1865.

198. — **CHIGI** (Flavio) Archevêque de Myre, Nonce apostolique à Paris.

199. — **DARBOY** (Georges) né en 1813. — Aumônier du Lycée Henri IV en 1846. — Chanoine de Notre-Dame de Paris, Évêque de Nancy et actuellement archevêque de Paris. On a de lui divers ouvrages et sermons. — Officier de la Légion d'Honneur

ALBUM CONTEMPORAIN
BIOGRAPHIES PHOTOGRAPHIES

CLERGÉ (Suite)

200 - **FÉLIX** (R.P.) né le 28 Juin 1810 - Prédicateur célèbre - Prêche les conférences et la retraite de Notre Dame consécutivement depuis 1853. — A débuté à Paris par l'Avent de St Thomas d'Aquin de 1851 et le Carême de 1852 à St Germain-des-Prés.

201 - **LACORDAIRE** (Jean-Baptiste-Henri) né le 12 mai 1802 - Avocat - Élève de St Sulpice. — Aumônier de Juilly et du Collège Henri IV. - Ouvrit les conférences à Notre-Dame. — Siégea à la Constituante De l'Académie Française en 1861 — Auteur de les Paroles d'un Croyant - Conférences de — Mort en 1862.

202 - **LANDRIOT** (Jean-François Anne Thomas) né à Couche-les-Mines (Saône-et-Loire le 9 Janvier 1816 - Chanoine titulaire et Vicaire général d'Autun, nommé Évêque de la Rochelle le 7 Avril 1856 - Chevalier de la Légion d'Honneur.

203 — **RATISBONNE** (Alphonse Marie) né à Strasbourg en 1812 - Embrassa la religion chrétienne en 1842 et entra dans la société des prêtres missionnaires de Notre-Dame de Sion à Jérusalem.

204 — **RATISBONNE** (Marie-Théodore) Prédicateur né à Strasbourg en 1802 - Supérieur général de N.D. de Sion - Auteur de plusieurs ouvrages: Essai sur l'éducation morale - Histoire de St Bernard. — Manuel de la mère chrétienne etc.

205 — **TIRMARCHE** Évêque d'Adras (in partibus) — Officier de la Légion d'Honneur, Aumônier de l'Empereur.

COMPOSITEURS DE MUSIQUE-MUSICIENS.

206 — **ALARY** (Jules Abraham Eugène) né en 1814. - Pianiste de la Chapelle et la Chambre de l'Empereur. - Auteur de Rosmonda - La Rédemption - Sardanapale - L'Orgue de Barbarie, &ª &ª

ALBUM CONTEMPORAIN
BIOGRAPHIES PHOTOGRAPHIE

COMPOSITEURS DE MUSIQUE-MUSICIENS. (Suite)

207.— **BATTA** (Alexandre) né à Maestricht en 1816.—Violoncelliste renommé.— S'est fait entendre dans toute l'Europe où il a recueilli de légitimes succès.—Auteur de plus de cent œuvres, parmi lesquelles on remarque des fantaisies, Etudes. Duos et Marches pour musiques militaires.—Décoré de l'Aigle rouge de Prusse, et de Léopold de Belgique, officier de la Couronne de chêne, Grande médaille de mérite des Pays-Bas, &ª.

208.— **BERLIOZ** (Hector) né à la Côte S.ᵗ André en 1803.—Auteur de Symphonies et de Mélodies: la ballade du pêcheur. La Symphonie d'Harold, 8ª.— Membre de l'Institut.—Bibliothécaire du Conservatoire.

209.— **CARAFA** (Michel-Henry-François-Aloys-Vincent-Paul) né à Naples le 17 novembre 1787. Membre de l'Institut Professeur au Conservatoire.—Compositeur d'une grande fécondité.—Jeanne Darc.— le Solitaire.— l'Orgie, la Prison d'Edimbourg.—Masaniello, &ª. &ª.—Officier de la Légion d'Honneur.

210.— **DAVID** (Félicien) né le 13 avril 1810.—Débuta par les Brises d'orient, des symphonies et divers morceaux de chant, puis donna sa grande symphonie le Désert.—Moïse au Sinaï.—Christophe Colomb. l'Eden. et au théâtre, la Perle du Brésil.—Herculanum.—Lalla-Roukh.—Le Saphir, &ª.

211.— **DORUS**   Premier flûtiste du Théâtre Imperial de l'Opéra.—Professeur au Conservatoire de Musique.—Auteur de plusieurs compositions estimées.

212.— **GOUNOD** (Félix-Charles) né en 1818. Débuta par une messe solennelle à S.ᵗ Eustache.—Auteur de Sapho. La Nonne sanglante.—Le Médecin malgré lui, Faust, etc. etcª.

213.— **HALEVY** (Jacques-Elie-Fromental) né à Paris le 27 mai 1799.—L'un de nos plus célèbres compositeurs de musique dont les œuvres sont universellement connues et dont les principaux ouvrages sont la Juive. La Reine de Chypre. Charles VI. Le Val d'Andore. La Magicienne, etc.—Commandeur de la Légion d'Honneur.—Mort en 1862.

ALBUM CONTEMPORAIN
BIOGRAPHIES PHOTOGRAPHIE
Lith. Goyer C P Dauphine, Paris

COMPOSITEURS DE MUSIQUE-MUSICIENS (Suite)

214. — **MEYERBEER** (Giacomo), né à Berlin le 5 septembre 1794. — L'un des plus grands compositeurs de l'Europe. — Débuta à Munich en 1812 par un opéra : le Vœu de Jephté ; parcourut l'Allemagne, l'Italie, fit quelques opéras et quelques hymnes religieux. Robert-le-Diable (1831), qui fut bientôt suivi d'autres chefs-d'œuvre : les Huguenots (1836), le Prophète. Il donna aussi, en 1854, un opéra-comique l'Étoile du Nord. — Meyerbeer vient de mourir à Paris 1864), au moment où il terminait une grande œuvre attendue depuis longtemps l'Africaine.

215. — **ONSLOW** (Arthur), fils du comte d'Onslow, pair d'Angleterre. — Célèbre compositeur.

DÉPUTÉS-HOMMES POLITIQUES.

216. — **ABBATUCCI** (Jacques), né à Zicavo (Corse) en 1791. Entra dans la magistrature sous la Restauration. — Après le 2 décembre, il fut fait sénateur et ministre de la justice. — Mort le 14 novembre 1857. Grand'croix de la Légion d'honneur.

217. — **ABD-EL-KADER** (Émir), né en 1807, près de Mascara, souleva les Arabes contre l'occupation française et lutta pour l'indépendance de son pays de 1832 à 1847. — Captif, sous le règne de Louis-Philippe mis en liberté par Napoléon III. Retiré en Syrie où il défendit les Chrétiens contre les Musulmans en 1860. A visité la France en 1865. Grand cordon de la Légion d'honneur.

218. — **ANDELARE** (Louis Pacot, Marquis d') né en 1795. — Colonel de Cavalerie, Député au Corps Législatif. Chevalier de la Légion d'honneur. — Auteur de plusieurs brochures.

219. — **BROUGHAM** (Henri baron), né à Édimbourg en 1779. — S'occupa de science d'abord, puis de Politique, entra au Parlement en 1816. — Devint pair en 1830. — Se retira des affaires publiques en 1834. — Publia plusieurs ouvrages scientifiques.

220. — **CARNOT** (Hippolyte), fils du conventionnel, est né à St Omer en 1801. — La révolution de février le fit ministre. — Il siégea à la Législative jusqu'en 1851, actuellement Député au Corps Législatif.

ALBUM CONTEMPORAIN
BIOGRAPHIES PHOTOGRAPHIE

DÉPUTÉS — HOMMES POLITIQUES (Suite).

221.— **Cavour** (Camille Benso, comte de), né à Turin en 1810. — Député en 1849 et ministre — Représenta le Piémont au congrès de Paris et ne cessa de travailler à l'unité de l'Italie — Après Villafranca, il se retira du ministère, y rentra en 1860 et mourut en 1861

222.— **Clarendon** (Georges Villiers, baron Hyde, comte de), né à Londres en 1810. — Se distingua dans la carrière diplomatique; fut un des chefs du parti Whig et se retira de la politique en 1858.

223.— **Conneau** (Henri) né en 1802. — Fut d'abord médecin de la maison de la reine Hortense — Premier médecin de l'Empereur — Député. — Commandeur de la Légion d'honneur en 1856.

224.— **Cormenin** (Louis-Marie de la Haye, vicomte de), né à Paris en 1788. — Appelé par Napoléon 1er au Conseil d'État, en fit partie sous les Bourbons. En 1828 député, fit paraître une quantité de pamphlets politiques sous le pseudonyme de Timon. — Représentant en 1848, il fut maintenu au Conseil d'État — De l'Institut en 1855.

225.— **Darimon** (Alfred), né à Lille en 1819 — Travailla au journal le Peuple en 1848 et depuis 1854, est un des rédacteurs de la Presse. Député en 1857 et 1863. Chevalier de la Légion d'Honneur en 1863.

226.— **Dupont** (Paul), né à Périgueux en 1796. — Fondateur-Directeur de la plus grande Imprimerie Administrative — Député au Corps Législatif — Chevalier de la Légion d'honneur — Auteur de plusieurs ouvrages et du Dictionnaire des formules, &c.

227.— **Duvergier de Hauranne** (Prosper), né à Rouen en 1798 — Collabora au Globe, à la Revue française; député en 1831. Fit partie de la Constituante et de la Législative. — Vient de publier une Histoire du Gouvernement parlementaire en France.

ALBUM CONTEMPORAIN
BIOGRAPHIES-PHOTOGRAPHIE
Lith Goyer, 7 P. Dauphine, Paris

DÉPUTÉS – HOMMES POLITIQUES (Suite).

228.— **Flahaut de la Billarderie** (Auguste comte de) né à Paris en 1785 — Général de division en 1813; exilé par les Bourbons il revint en 1830, entra à la Chambre des pairs et fut chargé de plusieurs ambassades. Sénateur depuis 1852, grand croix de Légion d'honneur depuis 1838.

229.— **Garibaldi** (Joseph) né à Nice en 1807 — En 1848 il conduisit ses volontaires contre l'Autriche, en 1849 il défendit Rome contre les Français et retourna en Amérique. En 1859 il seconda l'armée franco-sarde; en 1860 il prit la Sicile, Naples, déposa les armes et en 1861 fut élu député. — Visita l'Angleterre en 1864.

230.— **Garnier-Pagès** (Louis Antoine) né à Marseille en 1803. Député. En 1848 il fit partie du Gouvernement provisoire. En 1863 devint Député de Paris.

231.— **Gladstone** (William Ewart) né à Liverpool en 1809 — Entra très-jeune au Parlement, combattit la politique des Torys. Ministre des colonies en 1845 — Il fait partie du ministère Palmerston depuis 1859.

232.— **Glais-Bizoin** (A.) né à Quintin (Côtes du Nord), le 9 mars 1800 — Ancien Député — Ancien représentant du Peuple — Actuellement Député au Corps législatif, pour le département des Côtes du Nord.

233.— **Gouin** (Alexandre) né en 1792 à Tours — Banquier et homme politique. — Ministre du commerce en 1840, combattit M. Guizot, succéda à M. Laffitte dans la direction de la Caisse commerciale qui fut liquidée à la suite des événements de 1848 — Il fit partie de la Constituante de la Législative. Député au Corps législatif. Officier de la Légion d'honneur.

234.— **Granier de Cassagnac** (Adolphe de) né à Bergelle (Gers), en 1808; travailla au journal des Débats, à la Revue de Paris, à la Presse, fonda l'Époque, écrivit dans le Constitutionnel — Député — Officier de la Légion d'honneur.

ALBUM CONTEMPORAIN
BIOGRAPHIES. PHOTOGRAPHIES
Lith. Goyer 7 R. Dauphine. Paris

DÉPUTÉS — HOMMES POLITIQUES (Suite).

235.— **GREY** (Henri-George, Lord), né le 28 décembre 1802.— Entra à la Chambre des communes en 1826.— Ministre des Colonies — Fait partie du Conseil privé. — Homme d'État distingué, Auteur de plusieurs écrits politiques.

236.— **GROS** (Jean-Baptiste-Louis, Baron) né le 8 février 1793. — Ambassadeur près de plusieurs puissances — Commandeur en 1850. — Sénateur le 20 septembre 1858.

237.— **GUÉRONNIÈRE** (Louis-Etienne-Arthur, vicomte de la), né à Poitiers en 1816. — S'occupa de journalisme à Paris, où en 1850, il fonda le Pays. — Conseiller d'État en 1852. — Sénateur — Commandeur de la Légion d'honneur Directeur du Journal la France.

238.— **GUÉROULT** (Adolphe), né à Radepont (Eure) en 1810. — D'abord disciple de l'école St Simonienne, a continué à écrire dans les journaux démocratiques, et en 1859 fonda l'Opinion nationale. — Député de Paris (1863).

239.— **HAVIN** (Léonor), né à St Lô en 1799. — En 1848 il fut membre de l'Assemblée constituante et donna sa démission pour entrer au Conseil d'État — Devenu directeur politique du Siècle — Député en 1863.

240.— **DISRAËLI** (Benjamin), Homme d'État et Ecrivain célèbre. — né en 1805. — Membre du Parlement — Chancelier de l'Echiquier — Auteur d'un grand nombre de romans et d'écrits politiques.

241.— **JEFFERSON** (DAWIS) Célèbre homme d'État d'Amérique.— Ex Président des États Confédérés.

ALBUM CONTEMPORAIN
BIOGRAPHIES PHOTOGRAPHIE
Lith. Goyet, 2, P. Dauphine, Paris

DÉPUTÉS-HOMMES POLITIQUES (Suite).

242. — **JUBINAL** (Achille) né en 1810 — Archéologue et littérateur distingué. — A écrit dans un grand nombre de revues littéraires et scientifiques — Décoré en 1846 — Député depuis 1852.

243. — **KOSSUTH** (Louis), né à Molok (Hongrie) en 1802 d'une famille croate. — Se fit recevoir avocat et fonda le journal la Diète, puis le Pesti-Hirlap qui l'enrichit. — En 1847, les démocrates le mirent à leur tête, il reprit Pesth sur les Autrichiens et s'exila après la trahison de Gœrgei.

244. — **LINCOLN** (Abraham) né en 1809, — Président des États-Unis, mort assassiné en 1865.

245. — **MADOZ** (Pascal) né en Espagne en 1806. — Député. — Ministre des Finances. — Homme d'État célèbre. — Auteur du Dictionnaire géographique-statistique et historique de l'Espagne 16 volumes.

246. — **MAME** (Alfred-Henri-Armand), né à Tours le 17 août 1841. — Propriétaire d'une des grandes imprimeries de France, à laquelle il a donné une extension colossale. Parmi les œuvres remarquables sorties de cette maison il faut citer la Touraine.

248. — **MARTINEZ DE LA ROSA** (Francisco), né à Grenade en 1789 — Député des Cortès en 1812. — Président du Conseil des ministres en 1822 — Ambassadeur à Rome puis à Paris — Poète et littérateur; a produit quelques œuvres remarquables, notamment des Drames — Mort récemment.

249. — **MÉRODE** (Frédéric-Xavier-Ghislain) né le 25 mars 1820 — Servit en Afrique et fut décoré en 1846. — Camérier secret — Grand échanson du pape et ministre des Armes — Retiré depuis peu en Belgique.

ALBUM CONTEMPORAIN
BIOGRAPHIES PHOTOGRAPHIES

DÉPUTÉS-HOMMES POLITIQUES.

249.—METTERNICH (Richard-Clément-Joseph-Lothaire-Hermann, Prince de), né à Vienne en 1829.— Ambassadeur extraordinaire d'Autriche, près la Cour de France.

250—MILNER-GIBSON (Thomas), né en 1807 — Membre de la Chambre des communes. — Fait partie au Conseil privé depuis 1846.

251.—MORNY (Charles-Auguste-Louis-Joseph, duc de), né à Paris le 23 octobre 1811 — Débuta dans l'armée, créa plusieurs grandes usines. Ministre de l'intérieur (1852); président du Corps législatif (1854); représenta la France à St Pétersbourg et à Moscou au sacre d'Alexandre II. Il était grand'croix de la Légion d'honneur.—Mort le 10 Mars 1865.

252.—MOURAWIEF (Nicolas, Prince), né à Moscou en 1793. — Membre du Conseil de la guerre — Commandant l'armée du Caucase — Gouverneur de la Pologne.

253.—NARVAEZ (Ramon), né à Loja le 4 août 1800. — Homme d'État espagnol. Débuta dans l'armée, arriva vite au grade de général de division. En 1856, président du Conseil des ministres.

254.— O'DONNEL (Léopold), né en 1808 en Espagne — Débuta par la carrière des armes. En 1832, il était colonel et embrassa le parti de la reine Christine jusqu'au moment où on l'envoya à Cuba comme gouverneur. Depuis il fut, à diverses reprises, chef du Cabinet espagnol.

255.— OLLIVIER (Émile), né à Marseille en 1825 — Avocat qui se fit connaître dans l'affaire de Mme de Guerry contre la communauté de Picpus. — Commissaire général de la République à Marseille en 1848. — Député — Auteur de nombreux ouvrages de Jurisprudence

DÉPUTÉS-HOMMES POLITIQUES. (Suite).

256. — OLOZAGA (Salustiano) né à Logrono en 1803 — Avocat. — Député aux Cortès — Ambassadeur en France; fut mêlé à la plupart des évènements politiques d'Espagne comme ministre ou ambassadeur.

257. — PALMERSTON (Henry-John Temple, vicomte), né le 20 octobre 1784. — Fit ses études à Cambridge — Député. — Un des hommes les plus importants de l'Angleterre comme politique: souvent ministre des Affaires étrangères . il a été aussi longtemps chef du Cabinet. — Mort en Octobre 1865.

258. — PELLETAN (Eugène) né en 1813 — A écrit dans un grand nombre de Journaux, Revues, Recueils, la France littéraire. — le Bien public. — La Presse. Le Siècle — A publié des romans littéraires et philosophiques. Député au Corps-Législatif (Seine).

259. — PERDONNET (Albert-Auguste) né en 1801. — Ingénieur. — Directeur de l'École Centrale. — Auteur d'un grand nombre d'ouvrages, mémoires, articles. — Ancien élève de l'École Polytechnique. — Officier de la Légion d'honneur.

260. — PÉREIRE (Emile) né à Bordeaux en 1800. — Écrivit dans le Globe et le National. — Fondateur des Chemins de Fer de St Germain, de Versailles, et de celui du Nord. — Créa le Crédit Mobilier. — Député au Corps Législatif. Commandeur de la Légion d'honneur.

261. — PICARD (Louis-Joseph-Ernest), né à Paris en 1821 — Avocat en 1844 — Député au Corps Législatif, où il a pris part à un grand nombre de discussions.

262. — RUSSELL (Lord John), né à Londres le 18 août 1792. — Commença sa vie politique en 1813, comme membre du Parlement. Plusieurs fois ministre. — A publié plusieurs ouvrages, dont: L'État politique de l'Europe depuis la paix d'Utrecht.

ALBUM CONTEMPORAIN
PHOTOGRAPHIES PHOTOGRAPHIES

DÉPUTÉS-HOMMES POLITIQUES.

263.—**Simon** (Jules) né en 1814 à Lorient.— Débuta dans l'enseignement et supplea M. Cousin à l'École Normale, puis à la Sorbonne — Depuis 1848 il appartient à la politique et il a publié : Le Devoir. la Religion naturelle. l'Ouvrière, la Liberté, &ᵃ Député au Corps-Législatif pour la Seine.

264.— **Vély-Eddin** Pacha.— Ex-Ambassadeur extraordinaire du Sultan près la Cour des Tuileries.

INDUSTRIE.

265.—**Hachette** (Louis-Christophe-François), né à Rethel le 5 mai 1800.— Élève de l'École normale de 1819 à 1822 — Fonda une librairie classique dont la vogue est immense.— Mort le 15 juillet 1864.

LITTÉRATEURS — POÈTES — ÉCRIVAINS.

266.—**About** (Edmond), né à Dieuze (Meurthe) en 1828.— Élève de l'École normale et de l'École d'Athènes.— Auteur de : La Grèce contemporaine, la Question romaine.— Des romans — Des articles de critique.— Gaetana. pièce jouée à l'Odéon. Décoré de la Légion d'honneur.

267.— **Béranger** (Jean-Pierre de) célèbre chansonnier. né à Paris le 19 août 1780. — Mort en juillet 1857, ses funérailles eurent lieu le 17, aux frais de l'État. — Représentant en 1848. — Ses plus joyeux refrains datent de l'Empire.— Sous Louis-Philippe, il refusa toutes les distinctions.

268.—**Berthoud** (Samuel-Henri) né en 1804 — Fonda la gazette de Cambrai.— Collaborateur de la Mode, la Revue des Deux-Mondes. Auteur des chroniques et traditions de la Flandre. Dirigea le Musée des familles. — Parmi ses œuvres on cite : Contes mysanthropiques, le cheveu du diable, Daniel, La Palette d'or, &ᵉ &ᵃ.— Décoré en 1844.

269.— **Carraguel** (Clément), né à Mazamet (Tarn), en 1819.— Collabora au Vert-Vert, au National, à la Revue de Paris et à plusieurs autres journaux — Depuis 1848 le Charivari lui doit ses articles les plus remarquables par la finesse. Il a fait jouer à l'Odéon avec beaucoup de succès, le Bougevie, comédie en un acte, reçue depuis à la comédie française.

Lith Goyer, p. Dauphine, 7, Paris

ALBUM CONTEMPORAIN
BIOGRAPHIES PHOTOGRAPHIE
Lith Goyer 17 P Dauphine Paris

LITTÉRATEURS-POÈTES-ECRIVAINS

270. — **COMETTANT**. (Oscar) Littérateur et Ecrivain fort apprécié. Auteur de nombreux articles de Journaux et d'ouvrages divers

271. — **DASH** (Vicomtesse de S.t Mars, Comtesse) née à Paris. Auteur d'une grande fécondité et d'un talent gracieux et facile. La Comtesse de Sombreuil. — M.me de la Sablière. La Princesse de Conti. — La dernière Favorite, &.ª

272. — **DESBAROLLES**. — Débuta dans la peinture dans les ateliers de M. M. Hersent, Picot et Gudin. — Voyagea beaucoup Etudia la Chiromancie et publia sur ce sujet plusieurs ouvrages qui font autorité. Les Mystères de la main, &.ª Auteur de. Un mois de voyage en Suisse, &.ª

273. — **DESLANDES** (Raimond) né en 1827. — Ses pièces les plus remarquées sont. le Château des Tilleuls. Méridien, les Comédiennes, M.r Jules, les Domestiques, la Jeunesse de Mirabeau, l'Amant aux bougies. le Marquis Harpagon. le Mari qui lance sa femme, &.ª

274. — **DESNOYERS** (Louis. Claude. Joseph. Florence) né en 1805. — A fondé le Journal des Salons. — A travaillé au Figaro, au Corsaire, a rédigé en chef la Caricature politique. — A fondé le Charivari, collaboré au National, au Siècle dont il est le directeur littéraire. — Auteur d'articles, de nouvelles, de romans : les Femmes, Robert-Robert, — Jean Paul Choppart, — les Béotiens de Paris, &.ª fondateur de la Société des Gens de Lettres.

275. — **ESNAULT** (Louis) Ecrivain et Collaborateur du Moniteur où il publie en ce moment un nouveau Roman : Nagali, ou les Mystères de L'Inde.

276. — **FÉVAL** (Paul. Henri. Corentin) né le 27 Septembre 1817. Romancier et auteur dramatique. Collaborateur de la Revue de Paris, la Gazette de France, le Siècle, les Débats, le Constitutionnel, etc, Auteur du Fils du Diable. — des Mystères de Londres, — du Capitaine fantôme, du Bossu, etc, etc. Président de la Société des gens de lettres. Ecrivain d'une grande fécondité et très apprécié

ALBUM CONTEMPORAIN
BIOGRAPHIES PHOTOGRAPHIE

LITTÉRATEURS-POËTES-ECRIVAINS

277. — **GONZALÈS** (Emmanuel) né à Saintes en 1815. — A composé de nombreux romans, parmi lesquels on cite : les Frères de la Côte, les Mémoires d'un ange — la Belle novice — Une princesse russe — l'Epée de Suzanne — le Mignon du roi, &ᵃ &ᵃ. A été rédacteur en chef de la Caricature et de la revue des Voyages ; — ses ouvrages ont été primitivement publiés dans le Siècle, la Patrie, le Courrier français et la Presse. Fut Président du Comité de la Société des gens de lettres, Décoré en 1861.

278. — **LALLIER** (Justin Jean-Pierre) né à Joigny (Yonne) en 1796. — Elève du Lycée Bonaparte-Principal du collège de Joigny. Proviseur du Lycée d'Orléans — Vicaire général et chanoine de l'archevêché de Sens — Latiniste et Helléniste distingué. A traduit en vers latins l'Iliade et l'Odyssée d'Homère, et, en français, les odes choisies d'Horace. Auteur du Carmina, d'une Histoire du monde, et d'un grand nombre de mandements et de sermons. — Mort le 19 avril 1865.

279. — **LAURENT** (Emile, dit Colombey), né en Lorraine le 24 Juin 1819 — D'abord attaché à la Bibliothèque de la rue Richelieu, aujourd'hui à celle du Corps Législatif. — Auteur de Ruelles, salons et cabarets. — Histoire anecdotique du Duel, Ninon de l'Enclos — Aventures de Dassoucy, Histoire comique de Francion, etc.

280 — **MEURICE** (François Paul) né en 1820. Rédacteur en chef de l'Evénement. — Auteur de Benvenuto Cellini — l'Avocat des Pauvres, Fanfan la Tulipe, &ᵃ &ᵃ. — A collaboré avec Alexandre Dumas pᵉ plusieurs de ses romans.

281. — **NADAUD** (Gustave) né le 20 février 1820 - Poète-Musicien. — Auteur de chansons aussi recherchées que populaires, de plusieurs Opérettes de Salons: le docteur Vieuxtemps. — la Volière, &ᵃ.

282. — **PÉCONTAL** (Siméon) né en 1802. - Poète - Bibliothécaire au Corps Législatif — Auteur de Une première ménippée (1831) Volberg poème 1838). Ballades et Légendes (1846) 2ᵐᵉ Edi. 1859, ouvrage couronné par l'Académie française. - Les Mondes, grand poème, &ᵃ.

283. — **PERRIN** (Maximilien) né en 1796. — Auteur d'un grand nombre de romans de mœurs populaires. La Soirée d'une Grisette — le Mari et la Comédienne — les Saltimbanques. — le Débardeur. — la Marchande du Temple — un Mauvais coucheur. — Le Mariage aux Ecus, &ᵃ.

LITTÉRATEURS-POÈTES-ECRIVAINS

284.—**FONTMARTIN** (Armand-Augustin-Joseph-Marie de), né à Avignon, le 16 juillet 1811. — Collaborateur de la Mode, la Revue des Deux-Mondes, l'Opinion nationale, la Revue contemporaine &a — Auteur de : Mémoires d'un notaire, Contes et Nouvelles — Dernières causeries littéraires — Réconciliation. &a &a

285.—**RATISBONNE** (Louis-Gustave-Fortuné), né le 29 juillet 1827 — A collaboré au Journal des Débats — Littérateur et poète. Auteur d'une traduction très estimée de la Divine Comédie du Dante, couronnée par l'académie — Héro et Léandre — Au printemps de la vie. — Comédie enfantine (2 parties). — Recueil de fables d'un sentiment pur et élevé, &a &a

286.— **RIANCEY** (Henri-Léon-Camusat de), né le 24 octobre 1816 — Collaborateur de l'Ami de la religion, du Correspondant et D[tour] de l'Union. Membre de l'assemblée législative. — Auteur de : Histoire du monde. — la Loi et les Jésuites, &a &a.

287.— **SARCEY** (Francisque) né à Dourdan (Seine-et-Oise), le 8 octobre 1827 — A fait ses études au Collège Charlemagne — Élève de l'École normale de 1848 à 1851. — Professeur jusqu'en 1858 — Fait la critique du théâtre à l'Opinion nationale depuis sa création (septembre 1859) — Auteur de : Le nouveau seigneur du village — Le mot et la chose &a.

288.— **SÉGALAS** (Anaïs), Auteur de quatre volumes de poésies : Nos bons parisiens. — Enfantines. — La femme. — Les oiseaux de passage. — de trois volumes en prose. Les mystères de la maison. — La semaine de la marquise. — un autre sous presse, de plusieurs pièces jouées à différents théâtres, et de divers articles de journaux et de critique théâtrale

MAGISTRATS — JURISCONSULTES.

289.—**BARTHE** (Félix), né à Narbonne le 28 juillet 1795. — Fit son droit à Toulouse. — D'abord avocat, puis en 1830, procureur général à la Cour royale de Paris, puis ministre — Il fut fait pair de France et premier président de la Cour des comptes — Il est mort à ce poste et sénateur. — Grand'croix de la Légion d'honneur.

290.—**BATBIE** (A.) né à Seissan (Gers) le 30 mai 1828 — Auditeur au Conseil d'Etat (1849); suppléant à la Faculté de droit de Dijon (1852) à la suite d'un concours public; à Toulouse (1853); à Paris (1862). Professeur titulaire d'économie politique le 18 septembre 1864. — Auteur de : Précis de droit public et administratif, 1 vol. — Traité théorique et pratique de droit public, 4 vol. — Turgot, 1 vol. — Crédit populaire, 1 vol. — Etudes sur le Forum Judicuin des Visigoths.

ALBUM CONTEMPORAIN
BIOGRAPHIES PHOTOGRAPHIE
Lith Goyer, 2 P Dauphine, Paris

MÉDECINS.

291.— **GRISOLLE** (Auguste), né le 10 février 1811. — Docteur en 1835. — Agrégé. — Médecin de l'Hôtel-Dieu. — Membre du Conseil de surveillance de l'assistance publique. — Décoré en 1846. — Membre de l'Académie de Médecine. Auteur de: Traité pratique de la pneumonie, ouvrage couronné par l'Institut. — Traité de pathologie interne, &a

292.— **NÉLATON** (Auguste), né le 17 juin 1807. — Reçu docteur en 1836. — Professeur de clinique chirurgicale en 1851. — Membre de l'Académie de Médecine. — S'est occupé beaucoup de l'extraction de la pierre. — C'est un des chirurgiens dont la réputation est la plus grande.

293.— **VELPEAU** (Alfred-Armand-Louis-Marie) né en 1795. Reçu Docteur en 1822. Membre de l'Institut et de l'Académie de Médecine. Professeur de Clinique chirurgicale en 1835. Auteur de: Anatomie chirurgicale, Opération du Trépan. Traité des maladies du sein, etc. etc. — Est connu comme l'un des plus habiles Opérateurs. — Commandeur de la Légion d'Honneur.

294.— **ROCHE** (Louis-Charles), né en 1790. — Chirurgien militaire de 1808 à 1815. — Docteur en 1819. — Membre de l'Académie de Médecine (1825). — Président de la même académie en 1846. — Chevalier de la Légion d'honneur en 1837, Officier en 1862. — Chevalier de l'ordre de Charles III d'Espagne, &a — Auteur de: Éléments de pathologie médico-chirurgicale; Lettres sur le choléra, &a

SAVANTS.

295.— **CHABOUILLET** (Pierre-Marie-Anatole), Conservateur du département des médailles et antiques à la Bibliothèque impériale. — Secrétaire de la section d'Archéologie; du Comité des travaux historiques. — Membre de la Société Impériale des antiquaires de France. — L'un des auteurs du Trésor de numismatique et de glyptique. — Auteur du catalogue des Camées, de celui de la collection Louis Fould et de divers mémoires d'archéologie et de numismatique. — Chevalier de la Légion d'honneur.

296.— **GEOFFROY SAINT-HILAIRE** (Isidore), né à Paris en 1805. — Professeur au Muséum. — Membre de l'Académie des Sciences. — Directeur de la Ménagerie. — Auteur de: Essais sur la zoologie générale. Histoire naturelle des insectes et des mollusques, etc. — Mort il y a peu de temps.

297.— **LALLIER** (André-Séraphin), chimiste-géologue, né à Joigny (Yonne) le 31 juillet 1783. — Mort le 22 juin 1845. — Lauréat de l'École centrale de Fontainebleau. — Préparateur en chef de chimie au Collège de France sous le baron Thénard. — S'occupa ensuite de géologie et particulièrement de celle du département de l'Yonne, fut en relation avec MM. Élie de Beaumont et Alcide d'Orbigny; ce dernier dans son grand ouvrage, donna le nom de M. Lallier à un nautile découvert par lui. — Membre de la Société d'Agriculture de l'Yonne. — Directeur des Contributions directes à Guéret et à Bourbon-Vendée.

ALBUM CONTEMPORAIN
BIOGRAPHIES PHOTOGRAPHIÉES
Lith. Goyer 2 P Dauphine, Paris

SAVANTS.

298.— **MILLER** (Emmanuel) né en 1809. — Au début, employé au département des manuscrits à la bibliothèque Impériale — actuellement Bibliothécaire du Corps législatif. — Helléniste distingué. — Correspondant de l'Institut — Décoré — Auteur d'un grand nombre d'ouvrages, de mémoires et d'articles scientifiques.

299.— **PAYEN** (Anselme), né à Paris le 6 Janvier 1795. — Chimiste distingué — Supplée M. Dumas au Collège de France — Professeur au Conservatoire des Arts et Métiers — Membre de l'Institut — Officier de la Légion d'honneur — Auteur d'un grand nombre d'ouvrages, mémoires, rapports, articles scientifiques.

300.— **PELOUZE** (Théophile-Jules) Chimiste distingué, né à Valognes le 26 février 1807. — Membre de l'Académie des sciences (1837). — Professeur de chimie au collège de France — Président de la Commission des monnaies. — Commandeur de la Légion d'honneur et de l'ordre du Christ du Portugal. — Auteur d'un grand nombre d'ouvrages de sciences.

301.— **QUICHERAT** (Jules-Etienne-Joseph), Archéologue et critique en matière historique, né à Paris le 13 octobre 1814. Sorti le premier de l'École des Chartes en 1837. Professeur d'Archéologie et de Diplomatique à la dite école. — Décoré en 1847. — Membre du Comité des Travaux historiques près le Ministère de l'Instruction Publique et de la Société des Antiquaires de France. — Auteur de l'Histoire de S.te Barbe (3 vol). — des Aperçus sur Jeanne d'Arc, &.c Éditeur des Œuvres de Thomas Basin.

302.— **THÉNARD** (Louis-Jacques, baron) Pair de France. Célèbre Chimiste, né en 1777. Mort le 21 Juin 1857. — Ancien Député Professeur au Collège de France. — Membre de l'Institut. — Chancelier de l'Université. — Grand-Officier de la Légion d'honneur. — Auteur d'un grand nombre d'Ouvrages Scientifiques. Traité de Chimie. — Essai sur la Philosophie Chimique. &c &c

303.— **TASCHEREAU** (Jules-Antoine), né le 19 décembre 1801. — A collaboré au Courrier français, à la Revue de Paris, à la Revue Française. — Auteur de la vie et des écrits de Molière — Ancien Député et Représentant. — Administrateur, Directeur-général de la Bibliothèque impériale. — Décoré de la Légion d'honneur.

304.— **WAILLY** (Joseph-Noël, dit Natalis de), né à Mézières le 10 mai 1805. — Sorti de l'École des Chartes, nommé dans l'administration des Archives, membre de l'Académie des Inscriptions et belles-lettres et conservateur des manuscrits à la Bibliothèque Impériale. — A publié bon nombre de documents pour la bibliothèque de l'École des Chartes. — Décoré en 1839.

ALBUM CONTEMPORAIN
BIOGRAPHIES PHOTOGRAPHIE
Lith Goyer 7 P.Dauphine, Paris

TABLE ALPHABÉTIQUE.

Lith. Obyer, p. Dauphine, Paris

TABLE ALPHABÉTIQUE.

TABLE ALPHABÉTIQUE

FIN

www.ingramcontent.com/pod-product-compliance
Ingram Content Group UK Ltd.
Pitfield, Milton Keynes, MK11 3LW, UK
UKHW022056070726
13613UKWH00002B/830